Noël GUESDON,
*Docteur en philosophie
de l'Université de Louvain.*

AUX VEUVES

A celles
qui restent
seules

<table>
<tr><td>BAR-LE-DUC
Imprimerie Saint-Paul
36, boul. de la Banque.</td><td>PARIS
Librairie Saint-Paul
6, rue Cassette.</td></tr>
</table>

A celles
qui restent seules

Noël GUESDON,

*Docteur en philosophie
de l'Université de Louvain.*

·•∗•·

AUX VEUVES

A celles

qui restent

seules

BAR-LE-DUC	PARIS
Imprimerie Saint-Paul	**Librairie Saint-Paul**
6, boul. de la Banque.	6, rue Cassette

Lettre de S. G. Mgr Ginisty

Évêque de Verdun.

✝ *Bar le-Duc, 12 octobre 1920.*

CHER ET RÉVÉREND PÈRE,

Votre nouveau et gracieux petit volume, « Celles qui restent seules », est le digne pendant du premier, « Celles qui vont seules ». Vous vous adressez à des âmes qui n'ont de commun que leur isolement, mais qui sollicitent les mêmes vertus.

Le sujet n'est pas sans péril, et il y a quelque hardiesse à l'aborder. Vous l'avez traité avec tact, précision et sûreté, et, ce qui ne sera pas dédaigné de vos lectrices, avec onction, charme littéraire et poésie. Que de salutaires et graves vérités leur sont offertes sous le vernis ou la dorure des termes, et combien opportunes à l'heure de tant de deuils et de veuvages !

Que Dieu bénisse ce petit livre, son pieux et zélé auteur, et celles qui le liront, et qui, après l'avoir lu, se sentiront moins seules parce que plus près de Dieu, et des âmes qui les ont quittées... un moment !

Merci, cher et Révérend Père, et croyez à mon respect et à mon affectueux dévouement en Notre-Seigneur.

✝ CHARLES,

évêque de Verdun.

Lettre de S. G. Mgr Delalle

MON CHER PÈRE ET AMI,

Après avoir placé devant « Celles qui vont seules » l'idéal chrétien qui doit les guider vers les sommets divin, vous vous adressez maintenant à « Celles qui restent seules », à celles, hélas ! trop nombreuses aujourd'hui, qui forment peut-être l'épave la plus lamentable de la cruelle tempête qui, durant cinq ans, a sévi sur l'Europe.

Avec une science théologique et patriotique très sûre, vous les prenez dans les affres du désespoir, et par des argumentations qui parlent à la raison tout à la fois et au cœur, vous leur faites re-

monter les pentes sacrées de la foi.
Vous les amenez ainsi sur les sommets où brille la pleine lumière des révé-
lations divines, la lumière qui éclaire,
qui transforme la douleur, et parvient à
en faire un joyau scintillant d'amour
miséricordieux.

Les veuves vous liront avec défiance
d'abord, il se peut, mais gagnées par
votre logique ferme et droite, elles se
reprendront avec courage et trouveront
dans votre ouvrage force et consolation.

J'aime à vous féliciter et à vous dire :
« Intende, prospere procede ».

Que Dieu bénisse votre travail, votre
charité, votre amour des âmes aux
étreintes avec la douleur.

Nancy, 14 septembre 1920.

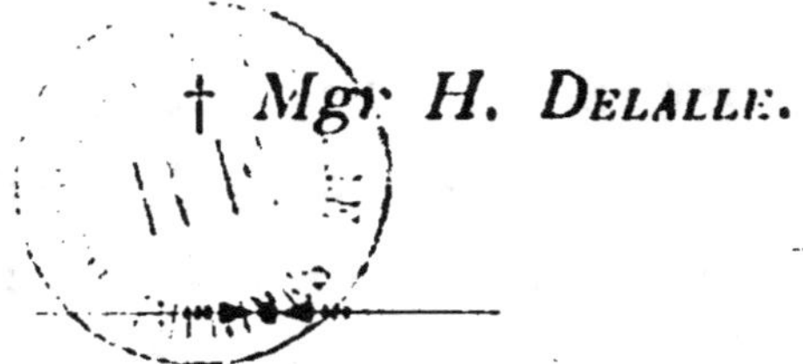

† Mgr H. DELALLE.

Dédicace

A celles qui restent seules,

Aux Veuves,

J'offre ces quelques pages.

N. G.

Nancy, septembre 1920.

CHAPITRE PREMIER

Restée seule !

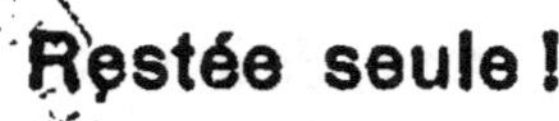

Restée seule, quand nous étions heureux de vivre à deux ! *restée seule*, quand nous étions si unis à deux ! *restée seule*, quand Dieu avait sacré notre vie à deux ! *restée seule*, toute une vie, fidèle à un unique amour ! *voilà le veuvage*. Solitude du foyer désolé ! Maison vide ! Silence des jours et des nuits ! Désespoir qui broie les cœurs : *voilà le veuvage*.

Deux âmes se sont rencontrées ; à certains traits de ressemblance, à certaines forces mystérieuses qui les portaient l'une vers l'autre, elles se sont reconnues faites l'une pour l'autre, pour penser ensemble, pour travailler ensemble, pour vivre ensemble. Ensemble elles ont regardé le ciel, car elles se sentent trop sœurs sur la terre pour oublier qu'elles sont filles du ciel. Les parents consultés, le ciel interrogé répondent : *oui*. Alors, en un jour inoubliable, elles se sont dit : *Je me donne et je t'accepte pour toujours*. Leurs mains se sont jointes, Dieu les a bénies et les deux âmes, et les deux cœurs, et les deux corps ne se sépareront plus *jamais, jamais*.

Jamais ! ! ! Toujours s'aimer... Etre aimé..., soif inextinguible qui s'allume au berceau et qui nous suit jusqu'à la tombe : c'est l'aspiration de toute créature créée à l'image de Celui dont il est dit *qu'il est amour* [1].

Mais à moitié, que dis-je, au début du bonheur, au début de l'affection, au début de la vie rêvée la mort frappe l'un, et l'autre sent lui manquer la moitié de son âme. L'épouse *reste seule*, sa vie est brisée : *voilà le veuvage*.

Ceux qui s'aiment voudraient vivre leur vie ensemble, souffrir ensemble, mourir ensemble. Et Dieu ne veut pas. Il ne veut pas, car il est dans l'ordre providentiel que deux âmes s'unissent de cœur, d'esprit et de corps pour s'aider à bien vivre. Mais il ne faut pas qu'elles prennent à cette douceur, à ce bonheur une

---

[1] S. Jean, IV, 16.

complaisance qui leur fasse oublier l'unique appui : Dieu. D'ailleurs, chaque âme a non seulement une valeur de complément, chaque âme a une valeur absolue : de là le *veuvage* qui, avec la douceur des souvenirs et l'amertume de la séparation, remet celle qui reste dans sa place solitaire, en face de Dieu, de l'avenir, des destinées éternelles.

Dieu veut que des âmes *restent seules.*

CHAPITRE II

Grandeur du Veuvage.

Rester seule ! Etre veuve ! c'est une grande douleur voulue de Dieu, mais c'est une *belle douleur, c'est le sacrement des larmes.* « Si la rosée est féconde, certes, les larmes doivent l'être. Parmi les richesses de la création, il n'y a pas de richesses qui aient été plus prostituées que les larmes. Sainte Rose de Lima disait qu'elles n'appartiennent qu'à Dieu et que celui qui les donne à un autre les vole au Seigneur. Le christianisme a restitué les larmes, comme le sang, au Créateur des cieux et des eaux. Il les a placées près des sources de la vie. Jésus-Christ pleura près du tombeau de Lazare. Les larmes de Madeleine sont devenues un des grands souvenirs de l'humanité. Les peintres feraient bien de ne pas y toucher légèrement, et de ne pas les confondre avec les larmes contraires dans la crainte d'un attentat. Les larmes sont montées si haut, qu'elles sont à leur place au tribunal de la pénitence, quand tout près d'elles le sang de Jésus-Christ tombe avec l'absolution sur la tête du pécheur. Dieu fait ce qu'il veut des choses qu'il touche. Il les emploie quelquefois à des usages étonnants. S'il touche les larmes il fait d'elles la force des faibles et la terreur des forts[1]. »

Vos larmes, veuves, sont sacrées : Jésus les a sanctifiées. Vos larmes sont le sang de l'amour, le signe, le symbole d'une fidélité immortelle, l'image de l'union de Jésus et de l'Eglise.

Vos larmes, veuves, sont sacrées : comme celles de Jésus, elles sont une expiation.

« La Miséricorde divine est bien grande, et c'est un miracle qui surpasse tous les autres d'aimer davantage, à mesure qu'elle frappe, une main qui porte de si terribles coups.

« Il est vrai que je contemple mes enfants dans le ciel, comme si je les voyais des yeux de mon corps, l'une au bras de sa mère, les autres à ses pieds, comme je les ai souvent

____

[1] *L'Homme.* E. HELLO.

vues et admirées ici-bas. Je me sens sous leurs ailes, et je sens qu'il n'y a point de traits aux mains du monde qui puissent percer cette égide. Ma vie est à présent désintéressée, car, pour tout dire, Marie n'était pas toute mon affection, mais elle était tout mon orgueil. Les pauvres enfants, nous les aimions trop pour regretter qu'elles ne soient pas exposées aux douleurs que nous souffrons, et dont la vie la plus pure et la plus dévouée ne préserve pas, témoin la désolation profonde de ma chère et admirable sœur. Je crois qu'en vérité, considérant bien ce monde et ce que nous comprenons du ciel, j'envisagerais la mort de mes enfants avec une sorte d'allégresse, si je n'avais pas sous les yeux le spectacle navrant de ce cœur si bon et si déchiré... Elle ne peut pas voir autant que moi la justice de Dieu. Moi, je me tais, comme le coupable condamné justement, et qui est encore heureux dans son désastre d'être ménagé, de se repentir et de sentir qu'il *expie.* C'est là le grand secret de mon courage. Quand vous me louez, j'y vois une marque de votre amitié dont je me félicite, mais soyez persuadée tout de bon que toute louange est cruelle à tout homme qui sincèrement examine sa conscience devant Dieu.

« Quand j'ai appris la mort de Marie, après un moment de trouble immense, je suis allé me mettre à genoux devant son lit vide, hélas ! seul à seul avec Dieu. J'ai examiné ma vie tout entière, j'ai fait ma confession générale ; sortant de là, je n'osais plus pleurer, et quand Gertrude a suivi Marie, je n'ai pas été tenté de dire : *C'est trop*. Ainsi plaignez-moi, priez pour moi, mais ne me donnez pas de louanges, par pitié pour moi. Il y a des âmes que Dieu se plaît à embellir ; la mienne est de celles qu'il daigne nettoyer [1]. »

Oui, la veuve est une douleur vivante qui pleure, qui expie, pour elle et pour les autres. Aussi tous les siècles ont honoré la veuve.

Les païens l'ont honorée. Nous lisons dans Marcelli : « L'opinion, chez les Romains, récompensait par une grande estime les veuves qui se refusaient à un nouvel engagement. La langue leur avait même consacré une épithète particulière ; elle les nommait *univiras*, *femme d'un seul homme*, et ce titre se montre

---

[1] Lettre, juillet 1855. L. VEUILLOT.

encore sur le marbre des épitaphes, où il est
si remarquable qu'on le jugeait digne de paraître parmi les titres honorifiques [1]. »

M. de Maistre rapporte que Valérie, veuve
de l'empereur Maximien, recherchée par l'empereur Maximin, lui répond qu'il serait sans
exemple et sans excuse qu'une femme de son
nom et de son sang essayât d'un second
mariage [2].

Il paraît que chez les Hottentots, la femme
qui se remarie est obligée de se couper un
doigt, qu'en Chine on voit des arcs de triomphe élevés à la mémoire des femmes qui sont
restées veuves.

La veuve, elle a été chantée par les poètes.

Properce chante Cornélie, veuve romaine :
« Toute sa gloire est dans son amour unique,
dans cette foi jurée à son cher Paul, une fois
pour toujours. Sa recommandation suprême
est celle-ci : *Qu'on grave sur ma tombe : elle
n'eut qu'un époux* [3]. »

Virgile prête ces paroles à une veuve :
« Celui qui a reçu mon premier serment a

[1] MARCELLI, *Livre des Inscriptions*, t. II, chap. 3.
[2] DE MAISTRE. *Le Pape.*
[3] *Elégie*, IV.

emporté avec lui mes amours. Qu'il les garde
à jamais dans son tombeau [1]... »

Les Juifs ont glorifié l'illustre veuve de
Béthulie, en l'honneur de laquelle ils chantent :
« Vous êtes la joie et la gloire de votre peuple !
car vous avez agi avec un courage mâle.
Votre cœur s'est affermi, parce que vous avez
aimé la chasteté, et qu'après avoir perdu
votre mari, vous n'avez point voulu en épouser
un autre [2]. »

Les veuves, Jésus les a honorées. Il a donné
à Phanuel le don des prophéties ; il a ressuscité le fils de la veuve de Naïm.

Marie, la Mère de Dieu, a porté le voile
noir des veuves.

Aux premiers siècles de l'Eglise, les chrétiens vénérèrent les veuves. Elles avaient un
costume particulier, une place réservée à
l'église, une assistance spéciale dans leur indi-
gence. Les veuves, elles participèrent même
à la puissance du sacerdoce. Le concile de
Chalcédoine rapporte qu'elles étaient consa-
crées par l'imposition des mains, réunies en
collège, dit saint Jean Chrysostome, et

[1] *Enéïde*, I, IV.
[2] Judith, XV, 10-11 ; XVI, 26.

comme diaconesses s'adonnaient au service de l'église et des pauvres, instruisaient les jeunes filles et les femmes catéchumènes, aidaient les diacres dans la distribution des aumônes.

Oui, le veuvage est chose sacrée. « Indépendamment de ce que la foi y découvre de surnaturel mérite, il y a sur la veuve, vraiment veuve, la triple consécration de la douleur, de la fidélité et de la vertu. La vierge n'est fidèle qu'à Dieu et à elle-même, la veuve l'est encore à celui qu'elle a aimé et perdu. C'est pour lui qu'elle garde désormais l'intégrité de son cœur, se faisant de son souvenir un culte et une vie. La veuve et la vierge sont deux créations admirables du christianisme, deux fleurs nées sur la même tige et qui mêlent dans l'Eglise leurs parfums sans les confondre. S'il y a quelque chose de plus pur dans la vierge, il y a quelque chose de plus auguste et de plus touchant dans la veuve, parce que les souffrances, et les larmes, et le sacrifice ont passé là [1]. »

La vierge a sacrifié librement à Dieu les

____

[1] LAGRANGE. *Vie de sainte Paule.*

affections et les espérances de son cœur : son mérite, sa grandeur sont dans son sacrifice. La veuve, elle, se voit prendre par Dieu affections, joies, espérances de la vie : son mérite, sa grandeur sont dans la résignation de sa douleur.

La vierge, librement, s'est offerte en sacrifice. « La veuve n'a pas été volontairement sacrifiée, elle a été violemment et douloureusement brisée par un de ces coups qui laissent dans une âme un deuil inconsolable à quelque moment de la vie que Dieu le frappe ; soit qu'il tombe soudainement comme la foudre et couvre de ses lugubres ombres les premiers enchantements d'une heureuse union, soit qu'il sépare et divise les époux au moment où la jeune famille, grandissant autour d'eux, resserre encore les liens de leur mutuelle tendresse, soit qu'il arrive au déclin de la vie, arrachant l'un à l'autre ces compagnons du grand voyage de l'existence, qui semblaient ne pouvoir plus se séparer. Quelles que soient sa rigueur et sa forme particulière, le veuvage est toujours d'autant plus cruel et digne de toute compassion et de tout respect qu'il frappe l'âme aux fibres les plus

vivantes et les plus sensibles, au foyer mys-
térieux de ce profond et puissant amour
conjugal allumé dans le cœur par Dieu lui-
même pour ne s'y éteindre jamais. On s'est
donné joyeux l'un à l'autre pour toujours,
car le christianisme ne bénit pas devant les
autels les serments éphémères ; les deux âmes,
comme Dieu le veut encore, se sont unies et
ne font désormais plus qu'une. Mais non,
tout à coup, tout est brisé, et l'un des deux,
abandonné par l'autre, reste ici-bas seul et
vide, car tel est le sens délicat et profond du
mot *veuvage* : un vide que rien ne peut
combler. Les âmes qui, dans une pieuse et
touchante fidélité à la première affection,
n'en acceptent plus d'autres et ne veulent
combler ce vide que la mort a fait en elles
par rien, si ce n'est par Dieu, ces âmes-là, le
christianisme les encourage, les honore et leur
donne une couronne voisine de celle dont il ceint
le front de la virginité. Et en effet, la veuve,
avec plus de mérite peut-être, sinon avec la
même innocence, redevient, pour ainsi dire,
une *vierge* et, comme la vierge, se rapproche
de Dieu et s'y unit intimement par cette
pure vertu, et, comme la vierge aussi, voue

exclusivement sa liberté retrouvée en même temps qu'à ses enfants, s'il lui en reste, au généreux service du Seigneur et aux saintes œuvres de la charité chrétienne. Nous retrouvons, dans ce second degré de la chasteté, comme disent les Pères, avec une nuance, la même beauté morale que dans le premier, la pureté dans le sacrifice et le dévouement [1]. »

« La vraie veuve est en l'Eglise une petite violette de mars qui répand une suavité non pareille par l'odeur de sa dévotion et se tient presque toujours cachée sous les larges feuilles de son abjection, et par couleur moins éclatante, témoigne la mortification. Elle vient des lieux frais et non cultivés, ne voulant être pressée de la conversation des mondains, pour mieux conserver la fraîcheur de son cœur contre toutes les chaleurs que lui pourrait apporter le désir des biens, des honneurs ou même des amours [2]. »

« Les lampes desquelles l'huile est aromatique jettent une plus suave odeur quand on éteint leur flamme, ainsi les veuves desquelles

[1] LAGRANGE. *Vie de sainte Paule.*
[2] S. FRANÇOIS DE SALES.

l'amour a été pur en leur mariage, répandent un plus grand parfum de vertu et de chasteté quand leur lumière, c'est-à-dire leur mari, est éteinte par la mort [1]. »

[1] S. François de Sales.

CHAPITRE III
Les Veuves.

Le veuvage est une séparation imposée par la mort. Cette séparation, quelques-unes ne peuvent la supporter, plusieurs s'en réjouissent, beaucoup s'y résignent. Il y a les *veuves désespérées*, les *veuves joyeuses*, les *veuves chrétiennes*.

* * *

Il y a les *veuves désespérées*. Le veuvage, dit l'Ecriture, est une séparation amère, il doit donc briser le cœur d'une épouse, à moins qu'elle ne soit une *sans affection*, mais alors ce n'est plus une épouse.

Oh ! il est compréhensible que sous la violence de la séparation, *l'âme laissée seule* soit tentée de désespérance. Plus d'affection : c'est le vide, l'isolement, le désert. Ce sont les incertitudes d'un avenir menaçant, les tristesses accablantes du présent, les espérances de bonheur qui s'envolent, les craintes qui glacent et paralysent le courage. Et si cette veuve a des enfants à nourrir, à élever, à consoler, s'il lui faut continuer sans expérience un commerce, une entreprise au-dessus de ses forces, je comprends que ses larmes lui brûlent les yeux, que ses sanglots l'étouffent, que les inquiétudes l'accablent, que son cœur se brise.

Pauvre veuve! Une dernière fois, elle a collé ses lèvres sur son front de glace, une dernière fois elle a étreint sa tête raide, elle s'est enlacée au cercueil qui emportait son cœur. Elle est seule! seule sans conseil, sans l'appui du mari digne de son affection et de sa confiance, âme noble et généreuse, délicate et intelligente, l'idéal rêvé et possédé quelques jours... Il était l'ami le plus fidèle, le soutien de sa faiblesse ; il lui avait donné sa position honorable, sa fortune. Pour ses enfants il était un père tendre et ferme, bon et prudent, éducateur éclairé, modèle des vertus naturelles et surnaturelles. Après les avoir élevés chrétiennement, il les aurait guidés, les aurait préservés contre les dangers du monde, les aurait établis, leur aurait assuré un avenir... Elle était heureuse, heureuse..., et tout s'écroule, tout est compromis, tout est perdu peut-être, et pour toujours...

Hélas ! Quelques veuves se désespèrent : natures faibles, sans énergie, elles n'ont pas le courage de faire un effort pour se relever. Elles ne se souviennent plus surtout des lumières, des consolations de la foi, de l'espérance, de la piété.

*
* *

Il y a les *veuves joyeuses*. Epouses sans affection, elles n'ont pas ces afflictions généreuses, profondes et sincères qui jettent dans le découragement. Epouses légères d'esprit et de cœur, elles se consolent vite. Elles pleurent les premiers jours de la séparation, mais leurs larmes, des larmes qui ne pleurent pas, sont vite séchées. Leur veuvage est une liberté et une facilité de vie plus grande. On les a vues ces veuves joyeuses encore enveloppées du symbole de la mort, du symbole de la fidélité, insulter la mort et la fidélité. L'avenir ne leur inspire aucune crainte, la tombe est encore fraîche et déjà elles rêvent d'une nouvelle union où leur imagination leur révèle de nouveaux bonheurs.

« La veuve qui vit en délices, dit saint Paul, est morte en vivant [1]. »

« Vouloir être veuve et se plaire néanmoins d'être muguettée, caressée, cajolée, se vouloir trouver aux bals, aux festins ; vouloir être parfumée, attifée et mignardée, c'est être une veuve vivante quant au corps, mais morte quant à l'âme. Qu'importe-t-il que l'enseigne de l'amour profane soit faite d'aigrettes blanches perchées en guise de panache ou d'un crêpe en guise de rets autour du visage [2] ? »

Les veuves joyeuses vivent mieux avec leur chagrin qu'avec leur mari. Ah ! les sans-cœur !

*
* *

Il y a enfin les *veuves chrétiennes.* Oh ! certes, elles ne sont pas insensibles : elles sont femmes. Leur amour plus pur n'est même

[1] S. Paul à Timothée, v, 6.
[2] S. FRANÇOIS DE SALES, *Intr. Vie dévote,* IIIe partie, chap. XL.

que plus intense, la séparation plus cruelle.
Mai elles font appel à leur foi, à leur confiance
en Dieu. Elles se souviennent que Dieu est
le père de la veuve et de l'orphelin[1]. Elles se
souviennent que *celle qui met sa confiance
dans le Seigneur ne sera pas confondue*[2]. Elles
savent que la mort ne leur a pris leur mari
que pour un temps. Elles pleurent, mais elles
savent pleurer.

* * *

Veuves, respect au voile noir !

Découragées, respect au voile noir ! Dieu
l'a tissé de ses mains.

Veuves joyeuses, respect au voile noir !
c'est le linceul qui recouvre de doux souvenirs, c'est le symbole de la fidélité jurée au
pied des autels, c'est le signe d'un sacrement.

Veuves chrétiennes, respect au voile noir !
Ne perdez aucun mérite attaché à la vie que
Dieu vous impose ; goûtez-en l'amertume,
mais aussi les douceurs.

Respect au voile noir !

[1] Ps. CXLV, 9.
[2] *Eccl.*, II, 11.

CHAPITRE IV

Les premiers moments
de la séparation.

Votre cher mari vient de rendre le dernier soupir. Pour quelques heures vous êtes morte avec lui..., vous ne pensez plus, vous ne voulez plus, vous pleurez. *Pleurez...* Votre moi était tout enchevêtré avec sa pensée et son amour, vous viviez de lui, pour lui, avec lui. Votre vie, sa vie se tenaient comme dans la même étoffe le fil et la trame. Et d'un geste brutal, la mort a brisé tous ces fils. La trame se déchire, vous pendez comme une loque... A cet instant, il n'y a rien à faire, laissez un premier apaisement se faire tout seul au pied de la croix.

Mais dès que vous pouvez ressaisir le flot de la vie qui revient, il vous faut refaire votre moi, le refaire avec les matériaux qui restent, sur un autre plan, pour l'adapter à la nouvelle vie. Je vous en prie : ne retournez pas sans cesse le fer dans la plaie en remuant vos douleurs : que ferai-je ? que deviendrai-je ? Et mes enfants, et mes affaires ? Ne faites pas inguérissable votre douleur, toujours saignante, vous finiriez par traîner une âme d'hôpital, n'ayant plus de goût ni de force que pour gémir.

Sans doute votre imagination vous échappera bien souvent. Elle s'en ira vers le passé, vers la chambre vide, remuer malgré vous les cendres des bons souvenirs... Toute votre vie deviendra un champ de cyprès funéraires qui attireront votre regard. N'entretenez pas ces imaginations comme des souvenirs dans un album toujours ouvert ; n'ayez pas cette rage de souffler par une pensée continuelle sur cette douleur ; que votre pensée, votre imagination ne soit pas le bourreau de votre cœur.

Ressaisissez-vous ! Pensez à l'âme de votre mari, oui, à son âme. Ah ! s'il est un instant où vous devez l'aimer, c'est l'instant suprême où, penchée sur son corps déjà refroidi, vous interrogez avec angoisse non pas son regard, car il n'y a plus de regard, mais son souffle qui vient de s'échapper de ses lèvres immobiles et ouvertes. Cet instant, cette seconde a été pour son âme le moment du jugement. Que d'épouses qui n'ont pas une pensée, pas un battement de leur cœur pour l'âme si chère et qui tremble au tribunal de Dieu! Elles n'aiment pas vraiment. Elles pensent à leur toilette de deuil, aux funérailles, mais pas une prière pour l'âme qui souffre au purgatoire. La première messe, si le cher défunt en a une, ne sera dite que le jour des funérailles, et si ce n'est la dernière, d'autres ne seront célébrées que longtemps après, alors que c'est tout de suite qu'il faudrait en appeler au sacrifice de l'autel.

Faites dire des messes, faites prier Notre-Seigneur. Vous mêmes, priez, priez beaucoup, c'est le cœur souffrant de votre mari qui vous implore. Or, le premier moyen de le secourir c'est d'être en état de grâce. « Ceux qui sont en état de grâce peuvent, au nom d'un autre, payer ce qui est dû à Dieu, de telle sorte que, en vertu d'une espèce de pacte, on porte le fardeau l'un de l'autre. De cela ne saurait douter aucun de ceux qui récitent le *Credo* dans lequel se trouve affirmée la communion des saints [1]. » La plupart des théologiens veulent que cette réversibilité des suffrages soit, et pour les vivants et aussi pour les morts.

Si vous êtes en état de péché mortel, vous ne faites rien qui puisse satisfaire à sa justice pour les fautes du cher disparu, fautes que vous lui avez fait peut-être commettre. C'est en vain que vous prieriez pour lui, que vous feriez des largesses aux pauvres, que vous pratiqueriez tout ce que le zèle d'une dévotion particulière peut vous suggérer. Tant que Dieu vous regarde comme son ennemie par le péché, vous êtes incapable de soulager l'âme de votre mari ; vos prières sont réprouvées, vos aumônes perdues, vos jeûnes, vos pénitences de nul effet, parce que le péché qui charge votre conscience anéantit la vertu de vos bonnes œuvres ; alors comment serait-il possible que ce que vous faites fût de quelque valeur pour lui puisqu'il est de nul prix pour vous-même ? Comment serait-il possible que ce que vous faites fût le moyen de pouvoir acquitter ses dettes auprès de la justice divine, puisqu'il est certain que Dieu, sans déroger

---

[1] Conc. de Trente. Pénitence, n° 61.

à sa miséricorde, ne reçoit aucun paiement
fait par vous, tant que vous demeurez en
état de péché mortel ?

Secourir son âme au purgatoire, c'est lui
transporter le fruit de bonnes œuvres que
vous pratiquez, et le lui céder. Si donc, dans
l'état de péché mortel vous pouviez le soulager, il faudrait que, dans cet état, vos bonnes
œuvres eussent quelque mérite ; mais il est
de foi qu'elles n'en ont aucun ; elles n'en ont
aucun parce que sans la grâce et la charité
ce sont des œuvres mortes. Si vos œuvres
sont mortes pour vous qui les pratiquez, cependant que Dieu peut y jeter un regard de
complaisance, il ne faut point vous étonner
qu'elles le soient encore plus pour l'âme à
qui vous prétendez les appliquer.

« Quand je donnerais tout mon bien pour
nourrir les pauvres, quand je livrerais mon
corps aux flammes pour être brûlé, si je
n'avais pas la charité qui n'est autre que
la grâce, tout cela ne me servirait de
rien [1]. »

Et donc, si vous voulez prouver votre

______

[1] S. Paul aux Cor., I, XIII, 3.

amour à votre mari qui souffre, c'est de tout de suite vous mettre en état de grâce.

Que d'épouses qui n'aiment plus leur mari ! Que d'épouses qui laissent leur mari dans les flammes du purgatoire ! Ah ! les ingrates,... les oublieuses !...

* * *

Ressaisissez-vous ! Priez et faites prier pour l'âme de votre mari, et puis pensez à vos affaires. Vous n'avez pas qu'à pleurer, vous avez des affaires pressantes à régler. Si vous êtes sans enfants, réglez vos affaires avec vos beaux-parents ; puis avec vos enfants, si Dieu a béni votre union.

Inexpérimentée, obligée de vous mettre à la discrétion d'hommes d'affaires, ne donnez votre confiance qu'à coup sûr. Choisissez un homme intelligent, honnête, probe, franche-ment catholique. Plus que jamais il y a des pharisiens « qui dévorent la maison des veuves [1] »! Sachez que la crainte de Dieu n'atteint pas ces âmes endurcies, cependant qu'il est écrit : « Le Seigneur prendra sous sa

____

[1] S. Marc, xii, 40.

protection la veuve et l'orphelin [1]. » — « Est-ce
que les larmes qui coulent sur les joues de la
veuve ne montent pas jusqu'au ciel, et n'affec-
tent-elles pas péniblement le cœur de Dieu [2] ? »

Veuves prudentes, méfiez-vous ! Contrôlez
vous-mêmes, soumettez à d'autres avant de
rien signer ; mettez tout par écrits authen-
tiques, car en affaires, même avec les amis,
même avec les parents, les écrits sont nécessaires.

Peut-être jusqu'à votre deuil n'avez-vous
été ni bien reçue, ni bien traitée dans la famille de votre mari, peut-être lui êtes-vous
antipathique ? Même si vos beaux-parents
vous considèrent comme leur fille, croyez que,
pour eux, vous ne serez jamais qu'une bru.
Veillez donc sur vos affaires. Vous ne le savez
peut-être pas encore : pour les beaux-parents,
souvent, très souvent, le fils mort, la bru
n'est plus qu'une étrangère ; souvent les intérêts, l'argent des amis et des parents ne
sont plus que les intérêts, l'argent de rivaux,
parfois d'ennemis. Que de familles divisées
par ce maudit argent ! Veuve, soyez douce,

[1] Ps. CXLV, 9.
[2] *Eccl.*, chap. XXXV, 17–19.

modérée, mais ferme ; tenez à vos droits, à tous vos droits ; revendiquez votre absolue indépendance, c'est le plus sûr moyen de rester en bons termes avec parents et amis.

Des conseillers plus intéressés que dévoués vous inciteront parfois à engager une action judiciaire, alors souvenez-vous des paroles de Notre-Seigneur Jésus-Christ : « Accordez-vous au plus vite avec votre adversaire afin qu'il ne vous mette point entre les mains de la justice [1]. »

Vous avez des enfants ? Surtout, s'ils sont mineurs, déterminez vos droits, déterminez leurs droits. Ne dites pas : on s'entendra toujours. C'est possible. Il est possible aussi que les enfants devenus grands demandent chacun leur part et l'on vous verra, pauvre mère, poursuivie, dépouillée même de ce qui vous appartient. Que de misères parfois entre les enfants et la mère ! Que c'est triste !

[1] S. Math. v, 25.

CHAPITRE V

Soyez résignées !

Soyez résignées ! Des relations très intimes vous unissent à votre mari. Il est près de vous, il vous connaît, il vous aime, il prie pour vous !

Soyez résignées ! Votre mari est tout près de vous. Vous n'êtes pas seule !... Son âme dégagée des sens est libre comme l'air, la mort libératrice lui a donné des ailes ; fille de Dieu, elle habite la même demeure ; sœur des anges, elle est où elle agit, où elle pense, où elle aime ; et Dieu est partout, et votre mari pense à vous et il vous aime.

D'ailleurs pourquoi son âme vous aurait-elle quittée ? Pour voir Dieu ? Mais ne savez-vous donc pas que Dieu est partout, dans tous les êtres, tout entier dans tous les êtres et pas plus dans les anges que dans le grain de sable ?

L'âme de votre mari ne vous a point quittée. Son corps est au cimetière..., et maintenant c'est affreux ! Mais son âme, petite flamme discrète, est près de vous, car elle pense à vous, car elle vous aime.

— S'il est là, mais pourquoi ne le vois-je pas ? Pourquoi ne me parle-t-il pas ?— Pauvre veuve ! Dites-moi : voyez-vous Dieu ? Voyez-vous votre ange gardien ? Voyez-vous le démon ? Voyez-vous votre âme ? Et Dieu est en vous, et votre ange gardien est près de vous, et le démon ne vous quitte pas, et votre âme vous pénètre, et ils ne vous apparaissent pas.

Vous voudriez le voir ? Vous lui reprochez de ne pas se montrer, de ne pas vous parler... Mais si vous ne l'entendez pas, si vous ne le voyez pas, c'est votre faute à vous, à vous qui ne vivez que par vos sens, qui ne voyez que par les couleurs, qui ne respirez que les parfums, qui n'entendez que l'harmonie, à vous qui ne saisissez pas l'immatériel, qui ne pouvez saisir l'âme de votre mari. Saint Paul vous avertit que si ce vêtement de chair tombait, votre âme se trouverait en plein au delà, tout près de celui que vous pleurez, et qui était là, près de vous, sans que vous y songiez. Vous êtes comme cet aveugle : tout rayonne autour de lui et il ne voit rien. Vous vivez tout près de l'âme de votre mari et vous ne la voyez pas, cependant que vous pourriez le voir.

Cette possibilité a été admise de tout temps dans l'Eglise. « Les hommes, vivants ou morts, dit saint Augustin, apparaissent à d'autres, durant le sommeil ou dans l'état de veille ; mais non pas nécessairement dans leur substance : ce sont plutôt des sortes de représentations... Les trépassés peuvent se manifester à nous, non par leur propre force, mais par le pouvoir et l'autorisation de Dieu. Que ce soient eux qui se montrent en personne, ou que ce soient des esprits angéliques qui agissent en leur nom, peu importe ! Je n'oserais rien assurer là-dessus, car le Dieu tout-puissant, qui est présent partout, peut envoyer un de ses ordinaires messagers, comme il peut aussi autoriser les âmes à sortir du lieu où elles se trouvent, les revêtir d'une forme qui leur permette de se manifester et les mettre en rapport direct avec les hommes [1]. »

Dieu peut avoir de bonnes raisons de permettre exceptionnellement le retour momentané sur la terre d'une âme pour son bien ou celui de ceux près de qui elle revient. Est-ce que les âmes du purgatoire, les saints du ciel, apparaissent avec leur corps de la terre, corps ranimé par Dieu ? Est-ce un corps créé pour la circonstance et qui retombe dans le néant, la mission accomplie ? N'est-ce point un corps véritable, mais une image dans l'esprit des voyants ? N'est-ce point un ange qui se manifeste pour ces âmes ? Je n'en sais rien. Ce qui est sûr, c'est que l'apparition des âmes est possible, qu'elle se fait quelquefois avec la permission de Dieu, qu'elle est un vrai miracle. Mais ce miracle ne le demandez point. Ne demandez point l'apparition de votre mari au spiritisme. Le désir de le voir est très naturel, très respectable. Mais le spiritisme est incapable de vous donner une réelle satisfaction, il ne peut que vous exaspérer. Car quand bien même il ne

---

[1] *De spiritu et anima*, XXIX.

serait pas mensonge et duperie, que peut-il
offrir à vos yeux brûlés par les larmes ? Il
vous montrera pendant quelques instants une
forme toute vaporeuse, vague, dans laquelle
vous ne pourrez reconnaître votre mari. Vous
entendrez un murmure, un bruit, quelques
sons sans articulation qui n'auront rien de la
douce voix de votre mari. Dieu ne peut
permettre que des spirites fassent apparaître
votre mari uniquement pour satisfaire une
curiosité. Lui, Dieu, ne serait pas sage s'il
laissait à leur disposition les bons anges et
les âmes des morts.

« Si les esprits interviennent dans la pro-
duction des phénomènes spirites, ce ne peuvent être que des mauvais anges auxquels
Dieu a permis et permet d'enfreindre les lois
qu'il a posées, de se manifester et de tenter
les hommes en se faisant passer pour des âmes
de parents morts, même en se transformant
parfois en anges de lumière. En effet, dans les
séances du spiritisme, les réponses des pré-
tendus esprits sont le plus souvent mêlées
de duplicité, de trivialité, quelquefois de gros-
sièretés ou de paroles propres à éloigner de la
religion catholique. Tout cela indiquerait la

présence d'un esprit mauvais, si l'on pouvait dire que cela indique la présence de quelque esprit étranger à l'assistance, ce qui n'est pas démontré [1]. »

D'ailleurs l'Eglise défend ces pratiques spirites : vous ne pouvez donc, sans péché grave, les prendre au sérieux, les provoquer ou vous y associer [2]. Sachez, enfin, que toutes ces évocations spirites ne feront que raviver votre douleur loin de l'apaiser.

*
*   *

Votre mari est là près de vous, il vous voit, ou plus justement vous connaît, parce que l'âme garde ses pensées, ses souvenirs, parce que l'âme du disparu est renseignée et par Dieu et par l'ange gardien qui lui parle de vous.

Il vous connaît ! Oh ! ses yeux de chair ne voient plus, non. Ses beaux yeux où perlait la noblesse de son âme, la flamme de son cœur, l'ardeur de son affection, ils se sont fermés. Ses oreilles ne se penchent plus

---

[1] Mgr BOUGAUD, *Le dogme catholique devant la raison et devant la science.*

[2] Actes du S.-Siège, 24-27 avril 1917, p. 268.

attentives à vos confidences, à vos tristesses, à vos espérances, à vos affections ; en vain votre voix, sur sa tombe, l'appelle de ce doux nom tant répété. Ses lèvres sur lesquelles vous faisiez si souvent éclore le sourire si bon, elles sont closes, refroidie cette main que vous aimiez à presser, cette main où est passé tant de fois votre cœur, votre serment de fidélité. Eteinte son imagination qui dans l'absence vous rendait présente. Mais est-ce donc pour lui la nuit éternelle ? Ne peut-il penser à vous ? Ne peut-il vouloir ? Aurait-il donc une âme immortelle pour mourir tout entier ? Aurait-il donc un esprit pour ne point connaître, une volonté pour ne point vouloir et ne point aimer ? Non, bien sûr. Nous pouvons perdre tous nos sens, nos yeux, nos oreilles, mais quand une fois nous avons pris contact avec le monde extérieur, les spectacles que nous y avons saisis se reproduisent éternellement dans notre pensée, car si nos yeux, nos oreilles sont né-cessaires pour faire éclore notre intelligence, l'intelligence n'en aura plus besoin pour se perfectionner ici-bas, à plus forte raison dans l'au delà où elle voit par elle-même.

D'ailleurs il vous souvient de cette parole de Notre-Seigneur : « *Je vous dis qu'il y aura plus de joie dans le ciel pour un seul pécheur qui fait pénitence que pour quatre-vingt-dix-neuf justes qui n'ont pas besoin de pénitence* [1]. » Les élus connaissent. Votre mari n'ignore donc point ce qui vous concerne. Il sait si votre âme est sainte ou pécheresse. Il sait votre résignation ou votre découragement. Il sait que vous l'avez oublié...

« Les élus qui sont au ciel, dit Mgr Méric, ne sont pas étrangers aux grands événements religieux de la terre. Ils voient, ils connaissent le juste qui persévère, le pécheur qui se repent. Par un mystère que la raison ne comprend pas, leur joie ne cesse jamais d'être inaccessible à la tristesse, au chagrin, à la douleur, et néanmoins ils éprouvent un sentiment pénible quand un homme succombe, s'obstine dans le mal, perd son âme et ils éprouvent un sentiment de joie quand le pécheur se relève. »

Votre mari vous connaît. Il est heureux de votre foi, de votre espérance, de votre cha-

____

[1] S. Luc, XVI, 17.

rité, de votre piété. Il est triste de vos péchés,
de vos légèretés... Il vous connaît. Il tient
ses beaux yeux pleins de gloire sur vos yeux
pleins de larmes.

> Bleus ou noirs, tous aimés, tous beaux,
> Des yeux sans nombre ont vu l'aurore ;
> Ils dorment au fond des tombeaux
> Et le soleil se lève encore.
>
> Les nuits plus douces que les jours
> Ont enchanté des yeux sans nombre ;
> Les étoiles brillent toujours
> Et les yeux se sont remplis d'ombre.
>
> Oh ! qu'ils aient perdu le regard,
> Non, non, cela n'est pas possible ;
> Ils se sont tournés quelque part
> Vers ce qu'on nomme l'invisible.
>
> Et comme les astres penchants
> Nous quittent, mais au ciel demeurent,
> Les prunelles ont leurs couchants,
> Mais il n'est pas vrai qu'elles meurent.
>
> Bleus ou noirs, tous aimés, tous beaux,
> Ouverts à quelque immense aurore
> De l'autre côté des tombeaux,
> Les yeux qu'on ferme voient encore [1].

Et pourquoi ne vous connaîtrait-il pas votre
mari ? Vous, ne le connaissez-vous pas ? Ne

[1] Sully-Prudhomme.

connaissez-vous pas ceux qui sont loin de vous ?

Mais comment sait-il ? D'abord, il se souvient de vous. Il ne peut pas vous oublier, sa pensée est sa vie ; il tomberait dans le néant, s'il oubliait, s'il ne pensait plus. Nous lisons dans l'Ecriture que les damnés sont tourmentés par le souvenir de leur faute ; nous y lisons que le mauvais riche se souvient de Lazare, qu'il se rappelle la vertu rafraîchissante de l'eau, qu'il garde le souvenir de sa fortune, alors que Lazare était accablé de misères ; il n'a pas oublié la maison de son père, ses cinq frères. Voyez donc, rien ne manque à la mémoire de ce damné. Or, croyez-vous que la mémoire de votre mari qui est sauvé soit infidèle alors que celle d'un damné est fidèle ? Croyez-vous qu'il ne se souvient pas de sa pauvre veuve, quand ce damné se souvient de ses frères ? Mais il est impossible que, lorsque vous faites le pieux pèlerinage à sa tombe, il n'entende pas votre prière, il ne sache pas vos larmes.

Il se souvient de vous, lui ! Il se souvient de votre affection, il revit vos doux entretiens, vos tête-à-tête, et tandis que vous, sur sa tombe fleurie ou devant sa photographie, vous relisez les feuillets du passé, lui, il égrène dans sa pensée les souvenirs doux et tristes des jours que vous avez passés ensemble.

— Il se souvient du passé, mais sait-il que je pleure toujours, que je lui suis restée fidèle, que je ne suis pas remariée ?

— Oui, il sait tout cela. Il connaît le présent. Il le sait par votre ange gardien : leurs pensées se recherchent, se comprennent. Dans la pensée de votre ange gardien, il lit vos tristesses, votre fidélité. Il connaît le présent par Dieu, miroir du monde, de votre âme, de votre vie. Dans ce miroir il distingue, selon que Dieu veut, la connaissance des événements d'ici-bas, des événements de votre famille, des mouvements de votre pensée, de votre volonté. « Dans la lumière de Dieu, dit saint Bernard, la mémoire est rassérénée et non obscurcie. Dans la lumière de Dieu, l'on apprend ce que l'on ignore, on ne désapprend pas ce que l'on sait [1]. »

Il vous connaît ! Vous croyez et c'est de foi que votre ange gardien vous voit, vous

[1] S. BERNARD, Sermon II, *Naissance de S. Victor.*

entend, assiste à tous vos mouvements libres, Mais l'âme de votre mari est devenue un esprit, elle est comme un ange.

Son âme, dépouillée des sens, vit d'une vie immatérielle, semblable à celle des anges. Quoique inférieure à la nature angélique, son âme comme l'ange est immortelle et spirituelle, douée d'une force active, de la grâce habituelle, des vertus, des dons du Saint-Esprit, des grâces actuelles.

Peut-être, mère, vous avez perdu un enfant. Vos larmes se sont séchées bien vite en songeant que c'était un ange qui s'était envolé au ciel. Et c'était vrai, l'Eglise s'est vêtue de blanc, les cloches ont sonné comme à son baptême. Or, si votre enfant est un ange au paradis, l'âme de votre mari, purifiée par les flammes du purgatoire, est devenue elle aussi comme celle de votre enfant : *un ange.*

Pourquoi alors lui refuser cette connaissance que vous accordez à votre ange gardien ? Votre premier ange, c'est *lui.*

Il vous connaît ! Vivez en sa présence, vivez sous ses yeux, marchez sous son regard, ne dites que des choses qui réjouissent ses oreilles, ne faites que des actions qui plaisent à ses yeux.

La pensée que Dieu vous voit est une force, une consolation. Que la pensée du regard de votre mari vous réconforte, vous soutienne dans vos luttes. Nos saints Livres nous demandent que nous soyons un spectacle pour les anges qui ne sont pas de notre race. Vous, veuve, soyez un doux spectacle pour l'ange qui est de votre race, qui est votre amour.

Enfin, vous croyez encore que les saints canonisés vous voient, vous entendent, que Marie, votre divine Mère, n'ignore rien des émotions de votre âme, des élans de votre cœur. Or, canonisés ou non, tous les élus vivent de la même vie, c'est donc que votre mari vous connaît.

Oui, il vous connaît ! Ne l'oubliez-vous pas quelquefois ?

****

Votre mari est près de vous.
Votre mari vous connaît.
Votre mari vous aime.
Oui, il vous aime, à soulever des battements de son cœur la pierre sépulcrale. La

tombe, qui n'éteint pas le flambeau de la
pensée, n'éteint pas non plus le flambeau de
l'affection : le cœur ne meurt pas. L'Ecriture
affirme que la foi et l'espérance peuvent dis-
paraître, mais que l'amour reste, que les prophéties s'évanouiront, que le don des langues
ne sera plus exercé, que la science s'écroulera,
mais que l'amour survivra. Il faut que
l'amour, cette flamme descendue du ciel,
retourne au ciel ; il faut que l'amour qui con-
quiert le ciel y rentre ; il faut que l'amour
dont Notre-Seigneur a fait un sacrement,
l'amour qui est un lien que Dieu veut indis-
soluble, il faut que l'amour conjugal vive
dans l'au delà.

Quand vous adorez le Cœur de Jésus, ce
n'est pas seulement son cœur charnel, cet
organe formé du sang très pur de la sainte
Vierge, par le Saint-Esprit, percé par la lance
du soldat Longin, et duquel aux derniers
instants de la vie coula du sang et de l'eau,
que vous adorez ; dans ce cœur, vous voyez
un symbole et avec ce symbole et en ce symbole vous adorez l'amour physique, l'amour
spirituel humain, l'amour éternel divin. Dans
le cœur de votre mari avant sa mort, il y

avait deux affections, il y avait deux cœurs, si vous voulez : une affection organique, sensible dont le cœur charnel était l'instrument, celle-là a disparu ; il y avait aussi une affection inorganique, immatérielle, dont la volonté était le principe et le siège, celle-là est immortelle, elle fait battre le cœur de votre cher disparu.

« La mort, écrit saint Paulin de Nole à Ausone, la mort qui me séparera de mon corps ne me détachera pas de vous, car l'âme qui, en vertu de sa céleste origine, survit à notre corps, doit nécessairement conserver ses affections. »

Sainte Françoise Romaine vit un jour son fils Evangelista, mort depuis un an ; elle lui demanda s'il pensait à elle dans le ciel. Et Evangelista lui assura en termes les plus affectueux qu'il pensait toujours à elle, qu'il *l'aimait toujours.*

Ma mère, oh ! dans la mort, je suis encor ton fils !
Dans l'éternel bonheur où la vertu t'appelle
Un ciel remplirait-il une âme maternelle ?
Non : si Dieu lui donnait le ciel sans son enfant,
Son cœur demanderait son fils ou le néant.
Oh ! je crois au néant plutôt qu'à ton absence !
Sur la foi de mon cœur je marche en ta présence !

> Je sens ce cœur brûlant sous ta main s'apaiser ;
> Mon front baissé frémit comme sous ton baiser.
> Ah ! de tout ce qui s'aime et de tout ce qui prie
> La présence est en Dieu, car Dieu c'est la Patrie [1].

Et que dire de l'amour pour lequel Dieu veut que vous soyez arrachée, épouse, à votre père, à votre mère !... *Celui-là reste.*

Votre époux vous aime encore, et croyez bien qu'il vous aime mieux. Il vous aime comme il doit vous aimer, sans faiblesse, sans regret, sans remords.

Il vous aime mieux parce qu'il est *parfait :* il remplit fidèlement tous ses devoirs. Celui d'aimer subsiste après la mort ; il aime. Il vous aime même s'il vous arrive de pécher, et de vous repentir, car si au ciel il y a de la joie pour un pécheur qui se repent, la joie doit être tout d'abord au cœur de votre mari.

Il vous aime mieux parce qu'il est *bon.* Or être bon et aimer, c'est la même chose. La bonté rend aimable, elle rend aussi aimant. Votre cher disparu est bon et il doit tout d'abord vous aimer, *vous,* d'un amour effectif

---

[1] LAMARTINE.

et efficace. Il était bon sur la terre, il est encore meilleur dans l'autre vie.

Il vous aime mieux parce qu'il est *heureux*. Et le bonheur, quand il n'est pas celui d'un égoïste, rend aimant. Celui qui est heureux s'attache à ce qui l'entoure ; non content de posséder tout seul sa joie, il la dit aux autres, il la leur communique, et cela s'appelle *aimer*. Votre cher disparu vous aime, il s'attache à vous de plus en plus, il veut vous pénétrer du bonheur dont il est inondé par Dieu, il vous veut au ciel. Et quelle plus grande marque d'affection ?

Lui, vous aime ! Aimez-le ! Soyez fidèle !

« Unissons-nous de cœur à celui que nous regrettons ; il ne s'est pas éloigné de nous en devenant invisible. Il nous voit, il nous aime, il est touché de nos besoins, prie pour nous... Les purs esprits voient, entendent, aiment toujours leurs vrais amis dans leur centre commun. Leur amitié est immortelle, comme sa source [1]. »

[1] FÉNELON, Lettre à la veuve du duc de Chevreuse.

* * *

Enfin, consolez-vous, votre époux vous garde, car Dieu qui lui laissa la connaissance de votre vie, le désir de votre bonheur, ne peut lui refuser la possibilité de vous soulager, de vous aider. L'Ecriture nous dit : « Sûrs de notre immortalité, ils sont pleins de sollicitude pour nous. » Lui, est sûr de votre immortalité : il la possède dans la gloire ; ensemble vous en parliez, ensemble vous l'affirmiez dans votre conduite, dans vos prières, il est donc plein de sollicitude pour vous.

— Mais si mon mari voyait mes peines, s'il pouvait quelque chose, il me les épargnerait... — Pauvre veuve ! Dieu vous aime aussi, plus que votre mari, et il n'est point malheureux de vos souffrances. Votre mari sait vos souffrances, mais comme Dieu, il voit plus haut et plus loin ; il voit que ces épreuves, ces ennuis de toutes sortes n'auront qu'un temps, qu'ils sont le germe d'une moisson infinie d'honneur et de joie.

Il vous protège parce qu'il est comme un *ange*, comme un *saint* placé sur nos autels.

Les anges ont l'empire du monde, la nature soumise leur obéit. Profondément attachés à la Providence divine, ils n'interviennent dans la marche de l'univers que rarement et toujours pour seconder l'œuvre de Dieu. Ils peuvent arrêter un astre dans sa course, s'armer d'un glaive de feu pour défendre l'entrée du paradis terrestre, transporter au Sinaï le corps de sainte Catherine, apporter de Terre Sainte à Lorette la maison habitée par la sainte Famille, ouvrir les portes de la prison à saint Pierre. Si nous avons chacun un ange gardien, c'est qu'il peut quelque chose pour nous.

Or, pourquoi l'âme de votre mari, qui est devenue semblable aux anges, n'aurait-elle pas la possibilité d'agir sur vous, pour vous ? Pourquoi ne pourrait-elle pas intervenir en bienfaitrice à votre égard, au moins d'une façon invisible ? Votre mari est votre *ange gardien*.

Les mauvais esprits, les démons agissent sur vous, et l'esprit bon de votre mari serait sans influence ? Ce n'est pas possible.

Son intervention affectueuse dans vos affaires, dans vos peines paraît d'autant plus possible que les canonisés jouissent de semblables facultés et qu'ils interviennent dans les causes que notre foi, nos prières déposent entre leurs mains.

Saint Grégoire de Nazianze affirme que saint Basile, son ami, parfois dans des visions nocturnes vient l'avertir et le reprendre lorsqu'il s'écarte de son devoir. Sainte Marguerite et sainte Catherine apparaissent à Jeanne d'Arc, l'attendrissent sur le sort de la France et lui font accomplir la plus merveilleuse des épopées. Fréquemment, saint Antoine de Padoue se mêle de nos affaires. Saint Benoît nous protège contre les assauts du démon. Saint Thomas d'Aquin conserve la belle vertu à ceux qui portent la ceinture de chasteté.

Or, l'âme de votre mari ressemble à celle des saints canonisés. Si elle est moins près de Dieu elle est plus près de vous.

« Leur action n'est pas tellement secrète que nous ne puissions la surprendre par instants. N'avez-vous pas quelquefois saisi dans votre vie intérieure des faits bizarres et que vous ne saviez comment expliquer ? Soudain, au cours d'un travail, d'une conversation, d'une réflexion, un trait frappait

votre intelligence, une pensée subite venue
là sans motif, hors de propos, sans liaison
avec le cours normal de vos réflexions ou
de votre occupation, apparaissait à l'horizon
de votre esprit. C'était une pensée de bien,
un conseil de dévouement, une excitation vertueuse jetée par hasard au milieu des occu-
pations étrangères. Cette lueur subite ne
venait pas de vous qui pensiez à autre chose,
elle vous venait de l'au delà, de votre ange,
de quelqu'un de vos morts resté à vos côtés
et qui, au moment favorable, avait touché
votre âme et parlé à votre esprit. Ces inter-
ventions de nos morts dans notre vie sont
fréquentes, et sans cesse ils travaillent dans
le secret, à la manière divine, à notre insu et
à notre profit, à cultiver le sol de notre intelligence et de notre cœur [1]. »

*
* *

— Je veux bien croire à son secours, à sa
puissance, mais vraiment comment peut-il
exercer cette puissance [2] ?

[1] Mgr CHOLLET.
[2] *Id.*

— D'abord il agit sur vous par une influence de *contagion*. Ne vous sentez-vous pas meilleure, plus vertueuse, plus sainte quand vous approchez une personne vertueuse, sainte ? Sa fréquentation vous donne de l'attrait pour ce qui est bon, beau et vertueux. Or cet effluve spirituel qui, au dire des théologiens, existe au ciel entre les esprits, rayonne aussi du ciel sur la terre. En vivant tout près de vous, l'âme de votre mari fait rayonner sur la vôtre quelque chose de sa noblesse morale, de sa force, de sa bonté.

Il agit sur vous par *suggestion*. Ah ! que vous seriez vertueuse, bonne, si vous écoutiez la voix de votre cher mort, si vous lui obéissiez !

Sans doute sa voix n'est point un son émis par des lèvres humaines, elle n'est point un souffle, ni un geste, cependant que par l'autorisation de Dieu il peut de quelque façon vous révéler sa pensée, ses désirs. Interrogé par Saül, Samuel apparaît revêtu d'un manteau blanc et dit à Saül : « Pourquoi m'avez-vous troublé de sorte que je fusse invoqué ? » Puis, il lui annonce la fin de sa royauté et de sa race, et « Saül tombe et reste étendu sur la terre, effrayé des paroles de Samuel [1] ».

Sa voix est celle d'un ange. Il vous conseille, il vous protège, il vous éclaire, et ce conseil, et cette protection, et cette lumière, est une parole. D'ailleurs vous-même, à vos heures de recueillement, de méditation, n'avez-vous point entendu la voix de votre esprit ? Elle était tout immatérielle, très claire et elle vous a émue. Votre cher mort est un esprit comme le vôtre ; il vous parle d'une manière semblable à celle dont votre esprit vous parle à vous-même ; sa parole va droit à votre cœur et à votre volonté sans se servir des sens.

Il agit sur vous par son *intercession* auprès de Dieu.

Toutes nos prières sont présentées à Dieu par les anges, par les saints canonisés, par tous les élus, les élus de notre famille. « Pour quelle raison dit Bossuet, a-t-il plu à Dieu que nos prières lui soient présentées par les anges, par les élus, c'est un secret de la Providence divine que je n'entreprends pas de vous expliquer, mais il me suffit de vous assu-

[1] *Rois*, I, xxviii, 14-20.

rer qu'il n'est rien de mieux fondé sur les
Ecritures. Et afin que vous entendiez combien cette entremise des esprits célestes est
utile pour notre salut, je vous dirai seulement ce mot : C'est qu'encore que les orai-
sons soient d'une telle nature qu'elles s'élè-
vent tout droit au ciel, ainsi qu'un encens
agréable que le feu de l'amour divin fait monter en haut, néanmoins le poids de ce corps
mortel leur apporte beaucoup de retardement.
Trouvez bon, ici, chrétiens, que j'appelle le
témoignage de vos consciences. Quand vous
offrez à Dieu vos prières, quelle peine d'élever
à lui vos esprits ! Au milieu de quelles tem-
pêtes formez-vous vos vœux ! Combien de
vaines imaginations, combien de pensées va-
gues et désordonnées, combien de soins tem-
porels qui se jettent continuellement à la
traverse pour en interrompre le cours. Etant
donc ainsi empêchées, croyez-vous qu'elles
puissent s'élever au ciel, et que cette prière
faible et languissante, qui, parmi tant d'em-
barras qui l'arrêtent, à peine a pu sortir de
vos cœurs, ait la force de percer les nues et
de pénétrer jusqu'au haut des cieux ? Chrétiens, qui pourrait le croire ? Sans doute, elles

retomberaient de leurs poids si la bonté de Dieu n'y avait pourvu. »

Mais Dieu a établi entre lui et nous les anges, les bienheureux. Entre lui et vous, veuve, il a placé l'âme de votre mari. Votre mari sait vos prières et les offre à Dieu... Il les attend avec une céleste impatience. En a-t-il à offrir ? Priez-vous ?

Cependant qu'il n'est pas permis de prier publiquement un élu qui n'est pas canonisé, il ne vous est pas défendu, veuve, d'implorer le secours de votre mari. Et lui connaît si bien vos besoins !

* * *

— Si l'âme de mon mari est au ciel, je crois qu'elle est près de moi, qu'elle me connaît, qu'elle m'aime, qu'elle peut quelque chose pour moi.

Mais si elle est dans les flammes du purgatoire, elle n'est pas près de moi, puisque le purgatoire localise son âme, tout près de l'enfer, dit saint Thomas ; elle ne me connaît pas, ne m'aime pas, puisque les tourments qui la pénètrent lui enlèvent toute liberté, toute lucidité, toute connaissance, toute affection.

— Il y a un purgatoire : c'est de foi. Où est-il ? Quelles souffrances y a-t-il au purgatoire ? Dieu ne nous l'a point révélé, l'Eglise se tait et le Concile de Trente nous recommande la plus grande réserve sur cette question.

Sans doute le purgatoire est un châtiment qui enchaîne l'âme, puisqu'il est un feu, très probablement matériel, et toute matière est fixée quelque part. Oui, mais ce feu possède des propriétés différentes de celui de nos foyers. L'âme de votre mari, si elle est au purgatoire, est enfermée dans ce feu, mais ce feu, de sa nature, n'est pas affecté à un endroit fixe ; selon certains théologiens, l'âme trouverait son purgatoire partout où elle a péché. Ce feu adhère à son âme, la suit, l'envahit de son ardeur, comme une fonte allumée au cœur qui répandrait sa lave dans tout l'organisme, qui circulerait à travers les veines et les artères, rayonnerait avec les nerfs et les muscles et partout dévorerait sa proie. Son âme traîne son supplice.

Ses souffrances n'éteignent pas sa pensée, qui conserve des relations avec le monde extérieur, avec vous. Elle vit des souvenirs du passé, elle a emporté avec elle les traces de sa vie terrestre ; elle vous a donc emportée dans sa mémoire. Oui, votre mari se souvient de vous, même dans les flammes, et son souvenir est peut-être son tourment ; il souffre peut-être à cause de vous. Comment ne penserait-il pas à vous ? Et il n'est pas téméraire de penser qu'au purgatoire les âmes souffrantes se parlent à la façon des esprits. Son ange gardien, qui est toujours près de lui, lui dit ses efforts d'autrefois, des espoirs d'aujourd'hui. Pourquoi ne le renseignerait-il pas sur votre vie ?

*
* *

Malgré ses souffrances il vous connaît, malgré ses souffrances il vous aime. Interrogez votre cœur : si vous êtes mère, n'est-il pas vrai que votre fils le plus cher, celui que vous aimez au-dessus de tout, est celui qui vous a coûté le plus de douleurs, le plus de veilles, le plus de soins, celui qui vous cause le plus de crainte, le plus d'angoisse ? C'est donc que la souffrance ne tue pas l'affection. Ne savez-vous pas que l'affection et la souffrance sont sœurs ; qu'on aime en souffrant, qu'on souffre en aimant, que la souffrance engendre l'amour ? « Ou souffrir ou mourir », disait sainte Thérèse.

Les flammes du purgatoire n'éteignent pas l'affection. « Quelles douces pages il y aurait à écrire sur le tendre commerce d'amitié qu'entretiennent les âmes du purgatoire ! Au sein de leurs souffrances, elles chérissent ceux qu'elles ont laissés ici-bas, qui ont vécu à leurs côtés, qui pleurent, et elles mettent dans leur affection ce je ne sais quoi d'indéfinissable que la souffrance donne à l'amour. L'affection d'un ami est très douce, mais si cet ami souffre, s'il s'étiole, si on voit la vie s'en aller goutte à goutte par la fêlure de sa santé brisée, si en même temps on sent que son cœur reste toujours pareil, qu'il ne perd rien de sa vigueur, que cet ami nous aime toujours autant, alors ses regards où l'ardeur de la sympathie se mêle à la langueur de l'anémie, l'étreinte forte encore de cette main débile, tout cela porte un charme particulier. Telle est l'affection de souffrants, mais sentiment réel, vif et de plus en plus délicat. Que dire également des amitiés en purgatoire, des liens créés par la douleur entre

ces âmes vouées au même supplice et appelées au même bonheur ? D'une parole voilée
par la tristesse, elles s'avouent leurs fautes,
se redisent leurs confessions, reconnaissent
leur indignité, leur ingratitude et l'infati-
gable bonté de Dieu, parlent entre elles de
ceux d'ici-bas, s'excitent à prier Dieu pour
eux, afin qu'ils ne passent ni par les mêmes
égarements, ni par le même châtiment. Par-
dessus tout elles se causent du ciel, de Dieu
si bon, et des apparitions blanches d'âmes
et d'anges qui les appellent là-bas et ver-
sent sur les flammes les eaux de la miséricorde et du pardon [1]. »

* * *

— Mais enfin, comment peut-il quelque chose
pour moi, puisque son âme souffrante, si
elle ne peut plus pécher, ne peut absolument
pas mériter ? — C'est vrai, son âme au purgatoire est dans des conditions qui ne lui per-
mettent pas d'acquérir le moindre mérite,
elle ne peut que souffrir et satisfaire. Mais

[1] Mgr CHOLLET.

elle intercède pour vous. Elle est en état de grâce. Cependant que Dieu l'afflige, il l'aime tendrement ; ses prières lui sont agréables et il est tout disposé à accueillir ses demandes. Son crédit n'est pas aussi grand que celui des bienheureux du ciel, mais il est puissant. Et croyez bien qu'elle l'emploie en votre faveur ; c'est ce que nous enseignent Suarez, de Bellarmin et presque tous les théologiens.

« Les âmes peuvent prier pour ceux qui s'efforcent de les soulager et qui offrent à Dieu pour elles des œuvres saintes, car leurs prières ne peuvent être qu'utiles à ces bienfaiteurs qu'elles ne connaissent peut-être pas, mais que Dieu connaît. Rien n'empêche qu'elles ne supplient le Seigneur de les assister dans leurs besoins, de leur pardonner leurs offenses, de les préserver des tentations, de leur accorder d'abondantes grâces ; en le faisant, elles s'acquittent d'une dette de gratitude [1]. »

En un autre endroit, Suarez dit encore : « Je ne doute pas que pratiquement ces âmes ne puissent légitimement être priées par nous et que, grâce à leur intercession, nous ne

---

[1] SUAREZ, *De orat.*, I L, c. II.

puissions obtenir des fruits appréciables de ces prières [1]. »

« Oh ! si l'on savait, disait le saint curé d'Ars, combien grande est la puissance des bonnes âmes du purgatoire sur le cœur de Dieu et si l'on connaissait bien toutes les grâces que nous pouvons obtenir par leur intercession, elles ne seraient pas tant oubliées. Il faut bien prier pour elles, afin qu'elles prient bien pour nous. »

« Quand je veux, lisons-nous dans la vie de sainte Catherine de Bologne, obtenir quelque grâce de notre Père du ciel, j'ai recours aux âmes qui sont détenues dans le purgatoire ; je les supplie de présenter à Dieu ma requête et de l'appuyer et je sens que je suis exaucée par leur entremise. »

Qu'importe que vous ne sachiez pas *comment* l'âme souffrante de votre mari connaît vos prières ! c'est la doctrine aujourd'hui universellement admise qu'elle les connaît. Sans doute votre mari n'a pas la vision béatifique. Qu'importe ? les saints de l'Ancien Testament intercédaient pour les vivants, et pourtant

[1] SUAREZ, *Du Purgatoire*, disp. XLVII, s. 11, 9.

ils ne jouissaient pas de la vision béatifique, puisque c'était avant la venue du Messie et que le ciel n'a été ouvert que lors de l'Ascension du Sauveur. Sans doute il souffre, mais ses tourments ne sont pas un empêchement à sa prière. Les martyrs, au milieu de leurs supplices, ne priaient-ils pas pour leurs bourreaux, pour ceux qui s'étaient recommandés à eux ou pour la conversion des païens ? Et le mauvais riche dans ses supplices ne priait-il pas pour ses frères restés sur la terre ? Peut-être enfin pensez-vous que ses souffrances actuelles mettent l'âme de votre mari dans une position au-dessous de la vôtre, que, par conséquent, il ne peut intercéder pour vous ? Détrompez-vous ; son âme vous est incontestablement supérieure par l'état de grâce et de charité, et à cause de cela vous devez croire qu'elle est capable d'intervenir en votre faveur. Mais ne serait-elle pas supérieure à vous, est-ce que vous, simple fidèle, vous ne priez pas pour les évêques et le Souverain Pontife qui sont vos supérieurs ? Est-ce que les premiers fidèles ne priaient pas pour les apôtres qui, eux-mêmes, réclamaient ces prières ? D'ailleurs, ne voyez-vous pas que la dévotion aux âmes du purgatoire se développe tous les jours ? L'Eglise vigilante le sait bien, elle laisse faire ; sa tolérance est sinon une formelle approbation, du moins certainement un encouragement. Soyez donc persuadée, pauvre veuve, qu'en invoquant l'âme de votre mari, en lui demandant d'intercéder auprès du bon Dieu pour vous, pour vos enfants, ses enfants, vous n'allez pas contre les intentions de l'Eglise. Mais, comme elle a besoin elle-même de prières, cette invocation ne doit avoir qu'un caractère privé.

*
* *

Une crainte glace votre confiance : — Mon mari n'est-il point damné ? Surpris par la mort, il n'a pas vu le prêtre, il n'a pas reçu les derniers sacrements, peut-être n'a-t-il pas même eu le temps de se reconnaître ? Il ne pratiquait pas... Où est-il ? Où est-il ?...

— Ne vous reste-t-il alors qu'à déplorer son sort et à noyer son souvenir dans des larmes inconsolables ?

Cette doctrine, qui vous obligerait à désespérer du salut de l'être qui vous fut le plus cher, serait bien cruelle. Ce n'est point la vôtre, mon Dieu. Vous nous apprenez, par votre Eglise, que vous pouvez épargner les peines éternelles sans faire tort à votre justice. Pauvre veuve, confiance ! Un mouvement secret du cœur de votre mari, un battement que vous n'avez point senti, mais qui n'a point échappé à Dieu, une secrète pensée que vous n'avez point devinée mais que Dieu a saisie ont suffi pour émouvoir son infinie miséricorde. Et, puisque vous savez, de foi certaine, que sa sainte justice peut, si c'est son bon plaisir, satisfaire pendant des années et des siècles, ne désespérez pas de son salut. Dante fait dire à l'ange mauvais : « Oh ! l'envoyé de Dieu, pourquoi me fais-tu tort ? Tu m'emportes de ce pécheur tout ce qu'il a d'éternel, et c'est pour une toute petite larme que tu me prives de ce qui m'appartenait. » Oui, par une seule larme, un faible regret, votre mari a été peut-être arraché à l'enfer.

Voyez, Dieu est si miséricordieux, qu'après notre mort, alors que le péché nous éloigne de lui et pour toujours puisque, à cet instant, nous n'avons plus de liberté, ni le pouvoir de mériter le ciel, il a inventé le huitième sacrement : le sacrement du feu purificateur, le sacrement du purgatoire.

« L'extrême sévérité des peines du purgatoire ne saurait se concevoir, si nous n'admettions pas une multitude d'âmes sauvées avec des dispositions même très imparfaites. Le purgatoire explique les énigmes de ce monde autant qu'aucune des choses établies de Dieu. C'est là qu'une foule de difficultés trouvent leur solution. En présence de ce mystère que nous pourrions appeler le huitième et terrible sacrement du feu, qui atteint les âmes auxquelles les sept sacrements n'ont pas suffi à conférer une pureté parfaite, l'idée nous peut-elle venir de ne le considérer que comme un simple moyen de pénitence inventé pour les saints afin de les purifier par des rigueurs vengeresses de légères imperfections, naturel effet de la fragilité humaine ? Qu'il remplisse cet office, rien de plus convenable, de plus conforme aux perfections de Dieu, ni de plus consolant pour les âmes elles-mêmes, mais ne devons-nous pas, en même temps, reconnaître que c'est une invention de Dieu pour multiplier les fruits de la Passion de notre Sauveur, et qu'il a été établi en prévision de cette grande multitude d'hommes qui devaient mourir dans l'amour de Dieu, mais dans un amour imparfait ? N'est-ce pas au delà du tombeau une continuation des miséricordes prodiguées au lit de mort ? Et ce point de vue ne jette-t-il une lumière certaine sur cette consolante supposition que la plupart des catholiques sont sauvés, surtout ceux qui ont été ici-bas dans la pauvreté, le chagrin et la souffrance [1] ? »

« Il y a dans certaines morts des mystères cachés de miséricorde et des coups de grâce où l'œil de l'homme ne voit que des coups de justice. A la lueur du dernier éclair, Dieu se révèle à des âmes dont le plus grand malheur avait été de l'ignorer : et le dernier soupir, compris de celui qui sonde les cœurs, peut être un gémissement qui appelle le pardon [2]. »

« Une très grande indulgence est acquise aux fautes privées de ceux qui trouvent la mort dans l'accomplissement d'un devoir public. Le Seigneur Dieu des armées tient en réserve pour les combattants des grâces de

[1] Le P. FABER.
[2] Le P. DE PONLEVOY.

choix, des pardons à part, des repentirs soudains, des mouvements instantanés de foi et d'amour qni assurent l'éternel bonheur [3]. »

Ayez confiance dans la grande miséricorde de Dieu ! Ne désespérez pas, priez : la sainte Ecriture elle-même vous y encourage. « Judas Macchabée, ayant rassemblé son armée, vint dans la ville d'Odollam, et lorsque le septième jour fut arrivé, ils se purifièrent selon la coutume et célébrèrent le sabbat dans ce même lieu. Le jour suivant, Judas vint avec les siens pour emporter les corps de ceux qui étaient tombés dans le combat et pour les ensevelir avec leurs parents dans les tombeaux de leurs pères. Or, ils trouvèrent sous les tuniques de ceux qui avaient été tués des objets idolâtriques qui étaient à Jamnia et que la loi interdit aux Juifs. Il parut donc évident à tous que c'est pour ce motif qu'ils étaient tombés. Aussi bénirent-ils tous le juste jugement du Seigneur qui avait rendu manifestes ces choses secrètes, et, se mettant en prières, il demandèrent que la faute qui avait été commise fût oubliée. Mais le très

---

[3] Mgr PIE, *Œuvres*, VII.

vaillant Judas exhortait le peuple à se conserver sans péché, en voyant devant leurs
yeux ce qui était arrivé à cause des péchés de
ceux qui avaient été tués. Et après avoir fait
une collecte, il envoya 12.000 drachmes
d'argent à Jérusalem, afin qu'un sacrifice
fût offert pour les péchés des morts[1]. »

Ces morts avaient commis une faute grave,
et il semble bien qu'ils n'avaient donné aucun
signe de repentir. Cependant Judas fait célé-
brer un sacrifice pour les péchés des morts,
leurs compagnons d'armes prient pour que la
faute soit oubliée. Et l'Ecriture ajoute en
guise de conclusion : « C'est donc une
sainte et salutaire pensée de prier pour
les morts, afin qu'ils soient délivrés de leurs
péchés[2]. »

Vous le voyez donc, l'Ecriture parle des
morts en général et non pas de tels ou tels
morts seulement ; elle n'exclut aucun défunt.
L'Eglise elle-même qui refuse la sépulture
ecclésiastique et les prières publiques, n'interdit de prier pour personne d'une manière
privée, même elle prie, elle, pour l'ensemble

—
[1] II Macchab., XXII, 38-43.
[2] *Ibid.*, 46.

des trépassés, elle demande pour tous « rafraî-
chissement et repos ».

Priez donc, peut-être même que Dieu, pour
qui tout est présent, en prévision de vos
prières, a accordé à votre mari la grâce du
salut.

* * *

Et si vos espérances étaient vaines, si
votre mari est damné..., pouvez-vous quelque
chose pour lui ? Laissez-moi vous citer une
page de Garriguet, théologien de grande
valeur, supérieur de grand séminaire, extraite
de son livre : *Le bon Dieu.*

« Nous pouvons croire que, même dans ce
cas, nos prières et nos bonnes œuvres appor-
teraient quelque adoucissement à son sort.
En le croyant, nous n'allons contre aucune
prohibition de l'Eglise et nous nous trouvons
d'accord avec les représentants les plus auto-
risés de la foi des Orientaux. La thèse d'une
efficacité relative de la prière pour les damnés
se confond avec celle de la mitigation des
peines ; elle compte les mêmes partisans et
s'appuie sur les mêmes raisons.

« Dieu nous ordonne, dit saint Jean Chrysostome, de prier pour tous les hommes, dans le nombre desquels, sans doute, sont des voleurs, des violateurs de sépulcres, des scélérats de toute espèce ; si donc il nous est recommandé de prier pour ces méchants qui vivent et qui, cependant, ne diffèrent en rien des cadavres, pourquoi ne prierions-nous pas pour ces mêmes méchants quand ils sont morts[1] ? »

Dans un opuscule, qui a pour titre : *Questions à Antiochus*, et qui a été, pendant long-temps, attribué à saint Athanase, nous lisons : « Les âmes des pécheurs ne tirent-elles aucun avantage des sacrifices, des bonnes œuvres, des offrandes faites à leur intention ? Si elles n'en tiraient aucun profit, on ne ferait pas mention d'elles dans l'offrande. De même que lorsque la vigne est en fleur dans la campagne, le vin qui est renfermé dans des vaisseaux, en cave, participe à son odeur et fermente en même temps qu'elle, ainsi les âmes des pécheurs tirent quelques avantages du sacri-fice non sanglant et des bonnes œuvres qui sont offerts pour elles, et cela dans la mesure que connaît et que détermine seul

[1] S. Jean Chrysostome, 3e homélie sur l'Epître aux Philippiens.

Celui qui est le maître des vivants et des morts [1]. »

Saint Basile, dans une homélie que les Grecs ont introduite dans leur office du temps pascal, s'adresse à Notre-Seigneur et lui dit : « Dans ce jour si saint et si solennel, daignez agréer les supplications que nous vous adressons pour ceux qui sont détenus dans l'enfer ; nous espérons fermement que vous leur accorderez quelque relâche et quelque soulagement dans leur supplice. »

Saint Jean Damascène, qui jouit chez les Orientaux d'une autorité presque aussi grande que celle de saint Thomas chez les Occidentaux, enseigne, dans son discours sur « Ceux qui se sont endormis dans la foi », que l'Eglise offre des prières et des sacrifices pour tous les défunts sans aucune exception ; qu'à l'égard des saints du ciel, ce sont des actions de grâces qu'elle prétend rendre à Dieu ; et qu'à l'égard des autres, ses prières ont pour but d'obtenir pour ceux du purgatoire une pleine rémission, et pour ceux de l'enfer quelques soulagements.

[1] Question XXXIV.

Au Concile de Florence, Marc-Eugénique d'Ephèse déclara que l'Eglise grecque avait cru de tout temps et qu'elle continuait à croire que les âmes des pécheurs condamnés aux supplices éternels recevaient, par les prières et les autres bonnes œuvres des fidèles, quelque adoucissement dans leurs peines. Cette déclaration ne souleva aucune protestation. Les Latins ne la considérèrent pas comme allant en quoi que ce soit contre les données de la foi ; la preuve en est qu'ils ne demandèrent aux Grecs aucune modification à cette partie de leur « Credo ». Ceux-ci continuèrent « à soutenir avec la plus grande énergie que les prières des hommes saints et agréables à Dieu sont profitables aux infidèles et à tous ceux qui sont condamnés aux peines éternelles ; qu'elles leur procurent du soulagement dans leurs peines [1] ».

On connaissait cette thèse en Occident, on ne l'adoptait pas généralement, mais on ne la qualifia jamais d'hérétique. Innocent III s'en occupa dans une lettre à l'archevêque de Lyon, lettre qui a été insérée tout entière dans le

---

[1] Leo Allatius, *De libris ecclesiasticis Græcorum*, dissertation II.

Corpus juris [1]. La conclusion qui s'en dégage est celle-ci : On peut, sans blesser la foi, croire ce que l'on veut sur cette matière, par conséquent on peut croire que les suffrages des fidèles servent au soulagement des damnés, surtout de ceux qui ont fait quelque bien sur la terre.

Saint Thomas pense qu'il « est plus sûr de dire simplement que les prières des chrétiens ne profitent pas aux damnés [2] » ; cela ne l'empêche pas de croire, comme beaucoup de ses contemporains, que l'empereur Trajan a été délivré de l'enfer grâce aux prières de saint Grégoire et d'enseigner que, pour que soit vraie la parole de Notre-Seigneur : « Les miséricordieux seront traités avec miséricorde [3] », les réprouvés qui sur la terre ont été bons pour leurs semblables sont traités avec plus de mansuétude et que cette mansuétude ne peut se traduire que par une diminution de peine.

« L'Eglise n'a rien encore déterminé de certain, peut-on dire avec le P. Petau, sur le

[1] Troisième livre des Décrétales, tit. xli, n° 6.
[2] Supplément, q. c, art. 5.
[3] Mathieu, v, 17.

soulagement de ceux qui sont condamnés à la peine éternelle, en sorte qu'il y aurait de la témérité à rejeter comme dénuée de tout fondement l'opinion favorable à ce soulagement professée de très saints Pères [1]. »

L'absence de certitude sur le sort véritable d'une âme, quelque déplorables qu'aient été sa vie et sa mort, suffit pour autoriser à prier même pour ceux qui, après avoir vécu peu chrétiennement, sont décédés sans donner le moindre signe de repentir. La pratique de la prière pour tous les trépassés, source de consolation pour les survivants, est donc indépendante de toute opinion sur la mitigation de la peine des damnés. Il est seulement vrai que ceux qui sont convaincus que cette peine peut être adoucie par les suffrages des vivants ont un motif de plus de prier et prient avec plus de confiance.

Rien peut-être ne prouve mieux à quel point Dieu est bon que ce fait qu'il n'accable pas, comme il le pourrait et comme ils le mériteraient, des malheureux qui, après l'avoir très gravement offensé, ont dédaigné

____

[1] *Théologie dogmatique des anges*, l. III, chap. VIII, 83.

ses avances et refusé jusqu'au bout de revenir
à lui. Obligé de les laisser éternellement dans
l'enfer, qu'ils ont librement pris pour « la
part de leur héritage », il ne renonce pas pour
cela à user à leur égard d'une commisération
à laquelle ils ont perdu tout droit. « Il n'oublie
pas toute pitié et, même, dans sa colère, il ne
se dépouille pas de toute miséricorde [1]. »

Il est doux et consolant de penser qu'il
n'est pas un lieu au monde, pas un être au
ciel, sur la terre ou dans les enfers qui soit
complètement exclu de sa sollicitude. Partout
et pour tous il est père : père infiniment juste,
mais aussi et surtout père surinfiniment bon.
Il réalise à la lettre la parole du Psalmiste :
« Le Seigneur est clément et miséricordieux ;
il est bon envers tous et ses miséricordes
s'étendent à toutes ses œuvres [2]. » Il donne
ainsi raison à l'Ecclésiastique qui a dit : « La
pitié de l'homme s'exerce sur son prochain,
mais celle de Dieu s'étend sur toute chair [3]. »

Priez, priez toujours !

[1] Ps. LXXVI, 10.
[2] Ps. CXLIV, 18, 19.
[3] Eccles., XVIII, 12.

CHAPITRE VI

Patientez : vous le reverrez.

Votre cœur n'est pas satisfait. Ces relations d'âmes ne vous suffisent pas. Ce que vous voudriez, c'est d'entendre sa voix, c'est de voir ses yeux fixés dans les vôtres. Patience ! Encore un peu de temps et vous reverrez votre mari, car il ressuscitera et vous avec lui. Patience ! La vie passe vite, très vite, et de l'autre côté il n'y a plus de jour, plus de temps, c'est l'éternité, c'est l'éternel présent.

Oui, croyez que votre mari ressuscitera, que vos deux yeux le reverront. Croyez cette vérité écrite dans le cœur de l'homme. Si vous avez embaumé son corps, si du moins vous lui avez élevé un tombeau, c'est pour le tenir prêt pour le jour de la résurrection.

Avec les poètes de tous les siècles et de tous les mondes, chantez, chantez :

> On ne s'endort que pour s'éveiller,
> On ne meurt que pour ressusciter.

Et votre foi n'est pas une chimère. Votre mari doit ressusciter.

Est-ce possible ? Oui.

Tout d'abord y a-t-il une cause assez puissante pour accomplir ce fait merveilleux que demande votre cœur ? Oui. *La terre*, dit Isaïe, *enfantera à nouveau dans un seul et même jour le genre humain tout entier.* Belle image où il y a autant de philosophie que de poésie. Le pouvoir de Dieu sera le père qui engendre, la terre sera la mère qui conçoit, les tombeaux seront le sein qui enfante et ainsi Dieu ne fera que répéter en un même jour le prodige de la naissance de tant de millions d'hommes, qu'il a opéré dans la suite des siècles. *Un jour viendra*, dit Notre-Seigneur, *où tous les morts enfermés dans les tombeaux entendront la voix du Fils de Dieu et reviendront à la vie.* C'est à la voix du Fils de Dieu, cette voix qui parle au néant et à laquelle le néant répond avec empressement en commençant d'être, que s'opérera le prodige de la résurrection. Vous devez bien comprendre que celui qui a animé la poussière du premier homme, pourra animer la poussière de tous les hommes, celle de votre mari, la vôtre, et le miracle sera le même. Il n'y aura qu'une différence accidentelle : au lieu de naissances diverses en différents jours, ce sera pour l'humanité entière une seule naissance en un seul jour. Que dis-je ? Mais le prodige par lequel Dieu a créé successivement tous les hommes est bien plus étonnant que celui par lequel il les ressuscitera, car les hommes qui naissent n'étaient pas et les ressuscités auront déjà eu une existence.

Mon mari ressuscitera ! Dieu peut le ressusciter : j'y crois. Dieu qui a tiré l'univers du néant peut retirer son corps du tombeau. Mais sera-ce vraiment la résurrection de mon mari, car ressusciter, ce n'est pas être créé à nouveau, mais redevenir absolument ce *qu'il était* sur la terre. Sera-ce bien lui ? Sera-ce bien son corps et non une substitution ? Ce sera bien son corps, ce sera bien votre mari, absolument le même. « *Je verrai Dieu dans ma chair, dit Job, je le verrai moi-même et non par un autre.* »

— Je verrai mon mari, lui-même... ; est-ce possible ? Il a été volatilisé par un obus. Il n'y a plus rien, rien... de lui.

— Tout reste de lui. Ce sera son propre corps, car l'identité est dans la substance et non ailleurs. Croyez-vous que vous êtes *vous* parce que vous êtes composée de menus atomes ? Non bien sûr. Vous avez trente ans aujourd'hui et vous dites : C'est *moi* cette petite enfant vêtue de blanc le jour de ma première communion, c'est *moi* cette jeune fille adulée et recherchée, c'est *moi* qui ai commis ce péché il y a dix ans, c'est *moi* qui suis cette pauvre veuve et pourtant où sont les atomes qui constituaient le corps de votre enfance, de votre jeunesse ? Ne savez-vous pas que la science nous enseigne qu'en quelques années tout votre corps est entièrement renouvelé ? Ce qui fait que vous êtes *vous*, que vous pouvez dire : c'est *moi*, ce qui constitue votre identité, ce n'est point telle agrégation ou tel nombre d'atomes, mais votre *substance corporelle*, votre substance indépendante de toute variation dans les phénomènes, votre substance qui n'a point de place, qui est invisible, totale partout où elle est, votre substance qui est une force, une énergie. Qu'est-ce qu'un rosier sinon l'épanouissement total de l'énergie substantielle de sa graine ? Et qu'est-ce que cette petite graine, sinon la substance du rosier à l'état latent ? La substance humaine n'est-elle pas tout entière dans le plus petit atome de votre poussière humaine, comme elle est dans un corps humain vivant et parfait ?

Si Dieu se sert de notre âme pour développer naturellement notre corps, pourquoi ne se servirait-il pas de cette même âme pour accomplir surnaturellement, sans espace de temps, un phénomène absolument identique ? Est-ce qu'il y a plus loin de la première cellule de l'enfant au sein de sa mère à l'homme actuel que de la poussière à l'homme futur ? Non. « Dieu, dit saint Thomas, dans la création de la nature humaine a donné à la chair humaine une incorruptibilité afin qu'elle fût en rapport de convenance avec l'âme, sa forme immortelle. » — « Tandis, ajoute saint Augustin, que la chair de la brute se dissout tout entière et se transforme en d'autres substances, la chair de l'homme, lorsqu'elle est mangée, brûlée, broyée, ne périt jamais devant Dieu et ne se convertit jamais entièrement en des substances différentes. »

Votre mari ressuscitera ! Vous le reverrez. Son âme ne peut rester seule, car ici-bas rien ne peut exister contre nature, et cette séparation éternelle du corps et de l'âme serait contre nature.

D'ailleurs, l'âme seule n'est pas l'homme, pas plus que le corps seul n'est l'homme. L'homme est une âme intelligente unie substantiellement à son corps. Dès lors, les actes ne sont ni du corps seul, ni de l'âme seule. Le corps doit donc avoir lui aussi sa récompense ou son châtiment. Votre mari était baptisé. Son corps a été une victime dont son âme était le prêtre. Son corps, il l'a mortifié par la pénitence. Son corps pour gagner votre pain et celui de vos enfants a versé des sueurs. Son corps n'a-t-il pas reçu peut-être les meurtrissures de la mitraille ? Son corps n'a-t-il pas été l'instrument de la vertu, de la chasteté, de la charité, de toutes ces vertus qui vous ont édifiée ? C'est justice que Dieu le récompense comme l'âme.

Vous le reverrez : il le faut ! Dieu doit refaire son œuvre. Car une créature intelligente ne peut anéantir pour toujours un dessein de Dieu arrêté, la volonté de Dieu de lui assurer l'immortalité, ce qui serait, si la mort devait exercer sur nous son empire indestructible, éternel. Or, un Dieu, dont la malignité humaine aurait pu vaincre pour toujours la volonté, ne serait pas un Dieu indépendant, tout-puissant, un maître absolu, il ne serait pas vraiment Dieu. Dieu se doit donc de manifester à l'univers qu'il a bien pu permettre pour un temps la mort de l'homme créé immortel, mais que sa toute-puissance sait triompher du mal aussi bien que du néant.

Il revivra ! Sinon la mort, cette grande humiliation attirée par le premier Adam, n'a pas été réparée par le second Adam ; Notre-Seigneur Jésus-Christ ne nous aurait rachetés qu'à moitié : ayant fait beaucoup pour notre âme, il n'aurait rien fait pour notre corps. La méchanceté de l'homme pécheur qui a pu tuer l'âme et le corps aurait été plus forte que la grâce rédemptrice qui n'aurait pu nous rendre la vie du corps, et donc le grand ouvrage de la Rédemption, le chef-d'œuvre de la sagesse, de la puissance, de l'amour de Dieu ne serait qu'une œuvre imparfaite, vaine et illusoire. Saint Paul ajoute, dans sa logique irrésistible : « *Si nous ne ressuscitons pas, Jésus-Christ n'est pas ressuscité; s'il n'a pas vaincu la mort pour ses membres, il n'a pu réussir à se ressusciter lui-même.* »

Il revivra ! Il est un principe que tout doit glorifier Dieu. Or, le monde ne glorifie point Dieu comme Dieu veut, comme il le mérite. En présence de tant de désordres, nous ne pouvons prétendre ôter à Dieu le droit et l'intention de restaurer toute chose, de ramener tout : corps et âme, esprit et matière à leur véritable fin, à leur primitive destination. Mais s'il n'y a pas de résurrection, le Tout-Puissant, au lieu de restaurer son œuvre entière comme il l'avait promis, ne fait qu'anéantir une partie de son œuvre et substituer au monde des corps vivants un nouveau monde, le monde des âmes séparées du corps.

Et après tout cela, votre esprit n'est pas encore satisfait, vous n'êtes pas encore sûre de revoir votre mari, car, dites-vous, ce ne sont là que des raisons de convenance.

Eh bien ! voici la parole de Notre-Seigneur Jésus-Christ : « *L'heure vient où tous ceux qui sont enfermés dans les tombeaux se lèveront et ressusciteront.* » C'est Jésus-Christ, Dieu lui-même, qui affirme la résurrection de votre mari. Entendez encore le Saint-Esprit par les lèvres de Job : « *Je sais que mon Rédempteur est vivant..., que je ressusciterai. Cette espérance est inébranlable au fond de mon cœur.* » Entendez-le encore par les lèvres de Marthe : « *Oui, je sais que Lazare ressuscitera lors de la résurrection.* » Ecoutez l'Eglise infaillible, dire : « *Anathème à ceux qui ne croient pas à la résurrection !* »

Il revivra ! Croyez à la parole de Dieu. Vous le reverrez.

> Renaître sans se voir et sans se connaître
> Ce serait remourir, Seigneur, et non renaître [1].

Vous le reverrez votre mari. Ce sera bien lui ; ce seront ses yeux, ce sera son visage, ce seront ses mains : il sera le même. Croyez cela.

⁎

Résignation ! Patience ! Elle est dure la volonté de Dieu : c'est vrai ! Répondez-lui à cette volonté par la foi, par l'espérance...

[1] LAMARTINE.

Saint Jérôme parlant de la jeune veuve de Salvina disait : « Elle a donné de telles larmes à la mort de son jeune mari qu'elle s'est montrée le modèle des épouses ; elle a supporté sa perte avec tant de courage qu'on le croirait absent et non pas perdu. La grandeur de sa douleur a grandi sa piété et elle cherche son Nébridius qui n'est plus, comme une jeune femme qui sait bien qu'il lui est présent dans le Christ [1]. »

Ah ! lorsque l'un pour l'autre on peut encore prier,
Au vaste sein de Dieu dont l'amour vous rassemble,
Se rencontrer en lui, n'est-ce pas être ensemble [2] ?

— Et quand mon mari ressuscitera-t-il ? Pourquoi n'est-ce pas demain ?

— Les anges n'en savent rien, car, dit saint Mathieu, « *nul ne sait ce jour, ni cette heure, pas même les anges qui sont dans le ciel* [3] ». Quand les apôtres lui posèrent cette question, Jésus-Christ leur répondit : « *Ce n'est pas à*

---

[1] S. Jérôme. *Lettres.*
[2] LAMARTINE.
[3] S. Mathieu, XXIV, 36.

vous à savoir le temps et les moments que le Père a réservés en son pouvoir [1]. » Pourquoi vous, voulez-vous connaître cette époque ? — Les anges, les apôtres, l'Eglise n'en savent rien. Ce qui est sûr, c'est que votre vie sera très courte, que vous n'avez plus que quelques jours à vivre, que de très courts instants vous séparent de votre mari, qu'il vous suffit d'un peu de patience.

[1] *Act , ı, 7.*

CHAPITRE VII

En attendant, que faire ?

Pouvez-vous vous remarier ?

Oui, il est de foi que vous pouvez vous remarier, une seconde fois, une troisième, une quatrième fois !... tant que vous voudrez [1]. Et il est certain que ce remariage, que ces remariages sont des sacrements ; tous les théologiens et les conciles l'enseignent [2].

L'Ecriture rapporte qu'Abraham contracta de secondes noces [3].

Saint Paul dit : « *Je veux que les jeunes veuves se remarient et qu'elles aient des enfants* [4]. » C'est que le lien du mariage étant détruit par la mort de votre époux, vous pouvez vous marier autant de fois que vous

[1] Décret *In Armen. in Conc. Florent.*
[2] Conc. de Trente, sess. VII.
[3] *Gen.*, XXV.
[4] Timothée, I, v, 14.

entrez dans un nouveau veuvage [1]. Il est des maris agonisants qui demandent à leur épouse le veuvage perpétuel sous peine de déchéance des legs qu'ils doivent leur faire. Cela c'est immoral, c'est condamnable, car cela peut jeter dans le désordre des veuves disposées à vivre honnêtement, chrétiennement dans une nouvelle alliance.

Sans doute, aux premiers temps de l'Eglise, temps de ferveur, de pénitence, les secondes noces étaient entachées d'inconstance, d'immortification et de faiblesse, mais elles n'étaient pas condamnées, elles étaient considérées comme de véritables et légitimes mariages, leurs engagements comme saints et indissolubles. Saint Paul exprime très clairement et très énergiquement sa pensée sur ce sujet en parlant à de jeunes veuves exposées à se perdre dans l'oisiveté, les bavardages et la curiosité : « *Je veux*, dit-il, *que les jeunes veuves se remarient, qu'elles deviennent de bonnes mères de famille. Ainsi elles enlèveront aux ennemis de notre foi l'occasion de la méconnaître et de la blâmer* [2]. »

[1] *Codex juris canonici*. Canon 1142.
[2] Timothée, I, v, 13, 14.

Aujourd'hui, les remariages sont admis, sanctionnés et par l'Eglise et par la législation. Et c'est raisonnable, car combien de veuves trouvent dans cette nouvelle union des avantages très grands, même nécessaires !

Veuve, jeune d'années et de caractère, inexpérimentée, car, jusque-là, vous avez vécu sous l'autorité de vos parents et de votre mari, vous devez avoir assez de sagesse pour comprendre, pour sentir les périls qui vous environnent, pour éprouver le besoin d'un tuteur, d'un protecteur contre vous-même et contre les autres. Une petite imprudence peut vous compromettre, la méchanceté vous poursuivre de ses critiques malveillantes, de ses calomnies même. Peut-être avez-vous à combattre des tentations inconnues jusqu'alors et capables de vous perdre ? Peut-être votre mari vous a-t-il laissé de lourdes charges, trop lourdes, des affaires très embarrassées, un commerce où est engagée votre dot, une industrie qu'il vous est impossible de continuer seule, enfin des enfants que vous ne pouvez nourrir, entretenir, élever convenablement ?

Vous remarier, ce n'est donc point une infidélité, ni une légèreté, ni une indifférence, ni une ambition, mais la raison, la conscience, l'inéluctable nécessité peuvent vous faire prendre cette décision.

Qu'une jeune veuve se remarie, c'est bien, mais une veuve ridée ? Et pourquoi ne se remarierait-elle pas ? Si le cœur a ses raisons, que la raison ne connaît pas, la raison a aussi des raisons que le cœur ne comprend pas. Vous savez bien qu'il n'est pas toujours possible, ni prudent, ni opportun de se laisser conduire par les sentiments. Souvent, très souvent il faut agir malgré les résistances, malgré les répugnances du cœur. D'ailleurs, il se fait tant de mariages peu raisonnables, qu'il peut bien y avoir des *mariages de raison.*

Veuve ridée, mariez-vous, si vos revenus sont insuffisants, si vos forces diminuent et si vos besoins augmentent. Soyez bien sûre que dans la vieillesse, les infirmités, la maladie, l'isolement vous seront pénibles. Encore quelques années et vous serez abandonnée, sans aide, sans appui, sans affection, alors que sur les vieux jours le cœur redevient jeune, exigeant même. Un parti avantageux se présente : mariez-vous !

Mais que ce « remariage de raison » ne soit pas sans raison. Il est ridicule de voir ces *veuves ridées* faire les *jeunes*, s'attacher au premier venant qui flatte leur vanité et leur ambition. Surtout ne soyez pas assez sotte de prendre un mari beaucoup plus jeune qui, pour vous, bientôt n'aura que du dédain, du mépris, qui n'attendra que votre dernier instant pour devenir votre héritier. Epoux sans affection, il vous trahira, vous déshonorera, peut-être même vous réduira-t-il à la pauvreté... Alors vous sentirez votre folie, et vous ne pourrez plus que pleurer et mourir *seule*...

Vous voulez vous remarier, soyez encore plus prudente que la première fois. Priez, consultez, attendez...

Il est bon, avantageux, nécessaire de vous remarier, cependant n'oubliez pas que le veuvage est plus saint, plus beau, plus honorable[1].

Saint Augustin dit : « Des raisons certaines et l'autorité des saintes Ecritures prouvent que le mariage n'est pas un péché, mais que

---

[1] *Codex juris canonici*. Can. 1142.

nous ne devons pas l'égaler au bien de la continence des vierges, *ni même à celui de la continence des veuves* [1]. »

.

Vous ne voulez point vous remarier : c'est bien, *c'est mieux*. Qu'allez-vous devenir dans votre solitude ? Je sais plus d'une veuve, sans enfant, qui, le cœur brisé par l'épreuve, sentant le vide de tout, a songé au cloître, à la vie religieuse et qui, à l'exemple de sainte Hedwige, veuve, a pris le voile. Dieu jaloux se plaît quelquefois à briser un cœur pour l'avoir tout entier.

Une veuve devenir religieuse ! Oui. Et c'est là une vocation à laquelle sont appelées quelques âmes privilégiées.

Mais vous avez des enfants, et vous n'avez point la vocation religieuse. Telle est cependant la dignité du veuvage que vous pouvez contracter des *noces spirituelles* avec Notre-Seigneur Jésus-Christ, en faisant le vœu de chasteté dans le monde. Ah ! elles sont nom-

____

[1] S. AUGUSTIN, *Livre des Vierges*, chap. XIX.

breuses dans le monde ces saintes veuves qui ont contracté cette union. Leur voile noir est un linceul. Par ce vœu, accepté par votre confesseur, vous devenez vraiment les épouses de Notre-Seigneur. Comme la religieuse, vous pouvez lui dire : *mon époux*.

Avant de vous engager dans ces doux liens il faut réfléchir, consulter votre directeur, mais ne pas craindre de vous lier à Jésus plus intimement, de lui donner votre cœur dans la chasteté. Il demande des victimes, des amis : soyez généreuses !

Un jour Jésus apparaît à Elisabeth, veuve à vingt ans. Il lui parle avec une extrême douceur, il l'appelle *ma sœur* et mon *amie*.

« *Elisabeth*, lui dit-il, *si tu veux être à moi, je veux bien être à toi et n'être jamais séparé de toi.* » Elle lui répond : « *Oui, oui, Seigneur, je veux être à toi, et n'être jamais séparée de toi ni en heur ni en malheur*[1]. »

« Ces paroles divines se gravent dans son cœur en traits de flamme et l'éclairent d'une splendeur céleste. Les liens de l'amour mortel une fois brisés, elle se sent blessée d'un amour

______

[1] MONTALEMBERT, *Hist. de Sainte Elisabeth.*

divin. Son cœur, comme l'encensoir sacré, se ferme à tout ce qui vient de la terre et ne reste ouvert que du côté du ciel. Elle contracte avec le Christ une seconde union. Dans le pacte sacré, elle peut voir comme la fin de son veuvage et comme de nouvelles et indissolubles fiançailles avec un Epoux immortel. Dès lors, elle recherche son divin Epoux et le sert dans la personne des malheureux. Après leur avoir distribué tous ses trésors, toutes ses possessions, quand il ne lui en reste plus rien, elle se donne elle-même à eux, elle se fait pauvre pour mieux comprendre ou mieux soulager la misère des pauvres ; elle consacre sa vie à leur rendre les plus rebutants services. C'est en vain que son père, le roi de Hongrie, envoie un ambassadeur pour la ramener près de lui. Ce seigneur la trouve à son rouet, décidée à préférer le royaume du ciel à toutes les splendeurs royales de sa patrie. Elle dédaigne la main des plus puissants princes. En échange de ses austérités, de la pauvreté volontaire, du joug de l'obéissance sous lequel elle brise chaque jour tout son être, son divin Epoux lui accorde une joie et une puissance surnaturelles. Au milieu des calomnies, des privations, des mortifications les plus cruelles, elle ne connaît pas une ombre de tristesse ; un regard, une prière d'elle suffisent pour guérir les maux de ses frères. A la fleur de son âge, elle est mûre pour l'éternité et elle meurt en chantant un cantique de triomphe qu'on entend répéter aux anges dans les Cieux [1]. »

Jésus apparut aussi à Angèle de Foligno, veuve, et lui dit : « Ma fille, *ma très chère épouse*, je t'aime plus que je ne suis aimé de toi ; tu es mon très beau temple, tu es l'anneau de mon amour : désormais tu ne te sépareras pas de moi : tu as la bénédiction du Père, du Fils et du Saint-Esprit [2]. » Angèle de Foligno passe toute sa vie dans les plus intimes communications avec son divin bien-aimé, qui vient l'assister à son agonie.

Nous lisons encore dans la vie des saints que la bienheureuse Fornari Strata, restée veuve, alors que ses parents voulaient l'obliger à un nouveau mariage s'y refusa et fit le vœu de chasteté afin de n'avoir plus d'autre époux que Notre-Seigneur Jésus-Christ.

La pieuse veuve Anne-Thérèse de Pré-

[1] DE MONTALEMBERT, *Hist. de Sainte Elisabeth.*
[2] *Vie des Saints*, abbé DARRAS.

chounet fit elle aussi le vœu de chasteté per-
tuelle, se consacrant aux noces de l'Agneau
immaculé de la plus sincère consécration qui
fût possible.

Oui, veuve, consacrez votre veuvage à Dieu.
Et si vous n'avez point d'enfant, faites de ce
veuvage un emploi utile à votre sanctifi-
cation, à l'Eglise, à ses œuvres.

Ah ! malheur au veuvage inutile ! Il sèche
pour le feu de l'enfer.

Si vous avez des enfants, soyez toute à
eux ! Aimez-les comme Dieu veut. Ce n'est
pas difficile : ils ont le sourire de leur père,
leurs yeux reflètent sa tendresse, leur front
son intelligence, ils sont le souvenir vivant
de votre amour mutuel... En eux, tout est
lui... « O mon fils, disait la mère de saint
Jean Chrysostome, ô mon fils ! je ne pouvais
me lasser de vous regarder, parce qu'il me
semblait voir sur votre visage une image
vivante de mon cher mari, qui n'est plus [1]... »

Aimez-les, mais comprenez aussi la gravité
de vos nouveaux devoirs. Vous devez les
élever, les élever de la terre au ciel, les élever

---

[1] S. Jean Chrysostome, *Livre du Sacerdoce*, I, n. 5.

jusqu'à Dieu qui a créé leur âme, jusqu'à leur père qui leur a donné la vie du corps.

« *Que la veuve*, dit saint Paul, *que la veuve qui a des enfants s'applique, d'une manière toute particulière, au gouvernement de sa maison, qu'elle élève ses enfants dans la crainte de Dieu. Dieu bénit une pareille conduite* [1]. »

Si vos filles ne présentent pas de difficultés insurmontables dans cette œuvre, il vous est difficile pour vos fils de suppléer votre mari. C'est alors que vous incombe le grave devoir de les confier à des mains très sûres, catholiques, fermes, capables et dévouées. Souvenez-vous de cette parole de saint Jean Chrysostome : « *Les parents qui ne veillent pas sur leurs enfants sont plus criminels que s'ils étaient les assassins de leurs fils ; ils sont les économes de l'enfer.* »

Que de veuves ont fait de leurs enfants des saints ! Sainte Monique nous a laissé saint Augustin ; sainte Paule nous a donné sainte Eustochie ; saint Jean Chrysostome est le fils d'une veuve si chrétienne que, le voyant,

---

[1] Timothée, I, x, 4, 7, 10.

les païens s'écriaient : « *Quelles admirables femmes se trouvent parmi les chrétiens*[1] *!* »

C'est une veuve qui fit de ses trois enfants trois saints : saint Ambroise, saint Satyre, sainte Marcelline. Sainte Félicité et sainte Symphorose, veuves, eurent sept fils chacune ; tous leurs fils moururent martyrs comme elles. Blanche de Castille nous a donné saint Louis.

*   *
*

Il faut de saintes veuves !

Il faut de saintes veuves pour glorifier la fidélité à l'amour conjugal !

Il faut de saintes veuves pour affirmer aux faibles la possibilité de la chasteté dans le monde !

Il faut de saintes veuves pour élever les âmes au-dessus de la terre !

Il faut de saintes veuves pour offrir à Notre-Seigneur les peines de cœur qui expient !

Il faut de saintes veuves qui redisent que *l'âme sœur* n'est et ne doit être qu'un moyen dont on peut se passer quand Dieu le veut !

[1] *Vie des Saints*, abbé DARRAS.

Il faut de saintes veuves qui apprennent la résignation dans la mort !

Il faut de saintes veuves qui par leur foi, leur espérance chantent l'immortalité des âmes et des corps !

Il faut de saintes veuves qui, dans la grâce sanctifiante, par leurs prières délivrent les âmes du purgatoire !

Il faut de saintes veuves qui redisent que Dieu ne détache des cœurs de la terre que pour les mieux lier au sien.

« De tout ce qui s'aime et de tout ce qui prie,
La patrie est en Dieu et Dieu c'est la patrie [1]. »

[1] LAMARTINE.

TABLE DES MATIÈRES

BIBLIOGRAPHIE

A CELLES QUI VONT SEULES

par Noël GUESDON

4ᵉ mille.

Bar-le-Duc, Imprimerie Saint-Paul.

« Cet ouvrage comble une lacune qu'un sujet si délicat explique aisément. Ce sujet, vous l'avez abordé franchement, et vous l'avez traité avec délicatesse, l'embaumant de poésie, et l'éclairant d'une lumière douce et bien tamisée à travers les écrits des Pères de l'Église et des saints. »

(Lettre de Mgr GINISTY à l'auteur.)

A celles qui vont seules est délicieux. Il fait beaucoup de bien.　　　　　　　　E.

« Laissez-moi vous dire combien j'ai goûté *A celles qui vont seules*. Jésus « naît parmi les lis », et multiplier dans le monde les foyers de pureté, c'est y multiplier les sanctuaires vivants de sa présence divine et les ostensoirs de sa beauté. C'est ce que vous avez fait avec une clarté convaincante et une force de persuasion, une ardeur d'apostolat, qui sûrement produiront leurs fruits. »

(Mgr DELALLE.)

Par lui : Formation à la charité par le Sacré-Cœur, par l'abbé F. ANIZAN, un volume de 400 pages. Prix : 5 fr. 75.

« Ce livre se compose d'exercices (méditations, examens particuliers et généraux, lectures), distribuées en trente-trois jours, et l'auteur s'y propose de former l'âme dévouée au Sacré-Cœur. Nos confrères y trouveront une doctrine substantielle, pieuse et pratique. »

(*Revue du Clergé français*, 1er mai 1919.)

« Ce quatrième ouvrage de M. l'abbé ANIZAN sur le Sacré-Cœur pourrait s'appeler un « Manrèze à l'école du Sacré-Cœur ». Pendant trente-trois jours, il offre journellement une méditation, un examen particulier et un examen général, une préparation pour la méditation du lendemain, le tout inspiré des maîtres de la vie spirituelle : saint Thomas d'Aquin, saint Jean de la Croix, saint François de Sales, la bienheureuse Marguerite-Marie, sainte Thérèse, sainte Gertrude, le bienheureux Jean Eudes, Tauler, etc. »

(Chanoine LAURENT,
Semaine religieuse de Verdun, 2 avril 1919.)

« Former des *âmes de charité*, voilà le but pratique de ce nouveau volume.

« Heureuses les âmes qui auront la générosité de se mettre à cette très forte et très pratique école ! Elles deviendront bientôt des âmes vraiment dévouées au Sacré-Cœur, ces âmes qu'il cherche pour les combler d'amour. »

(P. RICHARD,
Supérieur de Scolasticat, 5 avril 1919.)

« Dans **Vers Lui** et **En Lui** vous étiez en chaire, aux deux sens du mot, la chaire du théologien et celle du prédicateur ; dans **Par Lui** vous êtes en chaire encore, mais surtout au confessionnal et en direction : c'est achever et parfaire le bien incalculable déjà réalisé. »

(A. PERBAL, *missionnaire*, 31 mars 1919.)

« *Par Lui,* a le grand mérite d'offrir une méthode d'ascétisme appropriée à la belle vertu de charité ; qui plus est, il est cette *méthode en action.* S'en servir fidèlement un mois entier sans le quitter, c'est acquérir, jour par jour, l'art de s'examiner et l'art de méditer *méthodiquement ;* c'est, du même coup, trouver le secret si précieux de faire sans ennui, avec beaucoup de goût et partant beaucoup de fruit, des exercices qui paraissaient d'abord arides et qui sont toujours si salutaires. »

(J. Tissier,
Petites Annales de Marie Immaculée, octobre 1919.)

———

Le Bréviaire de l'Apôtre (3e édition). Prix : 3 francs.

« L'originalité et la fécondité de ce petit ouvrage viennent de ce que l'auteur, s'effaçant complètement dans ces pages, *laisse uniquement parler le Sacré-Cœur* et sa confidente, en des leçons et lectures partagées pour chaque jour de la semaine, qui rappellent brièvement à l'âme apôtre les devoirs qu'elle a à remplir avec les meilleurs moyens de collaborer à l'œuvre divine. »

(Jehan du Lys, *l'Amie,* novembre 1919.)

« Un utile petit livre... Comme tous les recueils de pensées, ce livre est très propre à susciter, à alimenter, à orienter les réflexions personnelles du retraitant. »

(*Ami du Clergé,* 20 novembre 1919.)